उस कविता को नमस्कार करते हुए

उस कविता को नमस्कार करते हुए

कीर्तिकुमार सिंह

वाणी प्रकाशन

वाणी प्रकाशन
4695, 21-ए, दरियागंज, नयी दिल्ली 110 002
शाखा
अशोक राजपथ, पटना 800 004
फ़ोन : +91 11 23273167 फ़ैक्स : +91 11 23275710
www.vaniprakashan.in
vaniprakashan@gmail.com
editorial@vaniprakashan.in
sales@vaniprakashan.in

US KAVITA KO NAMASKAR KARTE HUYE
by Kirtikumar Singh

ISBN : 978-93-5229-259-2
Collection of Poetry

प्रथम संस्करण

मूल्य : ₹ 250

यश प्रिंटोग्राफिक्स, नोएडा-201 301 (उ.प्र.) में मुद्रित

वाणी प्रकाशन का लोगो मक़बूल फ़िदा हुसेन की कूची से

बेटे

शक्ति विक्रम सिंह

को

एक निश्छल आश्वासन

पाँच साल का शक्ति विक्रम सिंह कह रहा है—
पापा!
जब मैं बड़ा हो जाऊँगा
मैं नौकरी करूँगा
एक झोला सोने के सिक्के
खरीदकर दूँगा मैं आपको
आपके लिए
एक लम्बी सी कार भी खरीदूँगा
एक ड्राइवर भी रख दूँगा
पैदल नहीं चलना पड़ेगा तब आपको
वह कोरा आश्वासन नहीं दे रहा है
नहीं बोल रहा है नेताओं की भाषा
वह जो कह रहा है, सच्चे दिल से कह रहा है
अपने पापा के कष्ट देखकर वह व्यथित है
इसीलिए उम्र में
इस समय वह अपने पापा से बड़ा बन गया है
उसे कष्ट इस बात का है

कि उसके पापा
दुनिया के सबसे अच्छे पापा हैं
बावजूद इसके
उनके पास वे सब सुख-सुविधाएँ नहीं हैं
जो औरों के पास हैं
वह आश्वस्त करता है—
पापा!
आप चिन्ता मत करिएगा
मैं रोज आपकी सेवा करूँगा
हमेशा रहूँगा आपके साथ

पापा बच्चे की बात सुन रहे हैं
'मानहुँ ब्रह्मानन्द समाना'
उन्हें ऐसे ही लग रहे हैं बेटे के शब्द
उनकी इस बात में अब कोई दिलचस्पी नहीं है
आगे चलकर
बेटा उनके लिए कुछ करेगा या नहीं!

कुछ और 'सहजतावाद'

आज समाज में साहित्य का कोई विशेष स्थान नहीं रह गया है। कविता तो एकदम हाशिए पर चली गयी है। कई कारण हैं इसके। आज का युवा देख रहा है कि उसे सैद्धान्तिक रूप में बहुत अच्छी-अच्छी बातें बतायी जा रही हैं, लेकिन समाज में हो रहा है उन सब बातों का उल्टा। समाज में सम्मानित व्यक्ति वह है, जिसने येनकेन प्रकारेण पैसा अर्जित कर लिया है। कुछ आध्यात्मिक या फक्कड़ व्यक्तित्व के लोगों को छोड़ दिया जाय तो हर व्यक्ति समाज में सम्मान चाहता है। जर्मन दार्शनिक नीत्शे ने कहा है कि सामान्यतः लोग यह मानते हैं कि व्यक्ति की आवश्यकता रोटी, कपड़ा और मकान है। किसी व्यक्ति को चाहे जितनी अधिक मात्रा में रोटी, कपड़ा और मकान दे दिया जाय, वह सन्तुष्ट नहीं होगा। पेट भरते ही व्यक्ति की जो भावना सर्वाधिक जोर मारती है, वह है—प्रभुत्व प्राप्ति की आकांक्षा।

आज का युवा साहित्य वगैरह के लफड़े में नहीं पड़ना चाहता। वह जैसे भी हो सके, ज्यादा से ज्यादा पैसा कमाना चाहता है। जो युवा साहित्य-प्रेमी है, उसने भी साहित्य की नब्ज बड़ी बुद्धिमानी से पकड़ी है। वह जानता है कि यदि मेहनत करके उसने बहुत प्रभावशाली पद प्राप्त कर लिया, तो प्रकाशक और आलोचक उसके आगे-पीछे घूमेंगे। वह कुछ भी अंड-बंड लिखे; सब छपेगा, सब प्रशंसित होगा। इसके विपरीत यदि प्रभावशाली पद न मिला, तो चाहे जितना अच्छा लिखो, कुछ भी नहीं छपेगा। युवा तो छोड़िए, आज के बच्चे पहले के युवाओं से सयाने होने लगे हैं।

साहित्य की अधोगति का दूसरा कारण है, पढ़ाई-लिखाई में साहित्य का कोई महत्त्व न रह जाना। आज का हर ठीक-ठाक लड़का बारहवीं पास होते ही इंजीनियर बनना चाहता है, डॉक्टर बनना चाहता है, प्रबन्धक बनना चाहता है और ऐसी ही अन्य आकर्षित नौकरियों के पीछे भागता है। साहित्य की पढ़ाई तो हारे को हरि नाम है। जो और कुछ नहीं कर सकता, वह साहित्य पढ़ता है। हालाँकि इसका कुछ दुष्प्रभाव भी पड़ रहा है। आज के लोगों में प्रायः संवेदनशीलता की कमी देखने को मिल रही है। अब तो लोग संवेदनशीलता का प्रयोग भी यह देखकर करने लगे हैं

कि इसकी कब और कितनी मार्केट वैल्यू है और संवेदनशील बनकर कब फायदा कमाया जा सकता है। आज बाबाओं की चाँदी है। व्यक्ति कितने भी प्रभावशाली पद पर पहुँच जाय या कितना भी पैसा कमा ले; परिस्थितियाँ सबका मनोबल कभी न कभी तोड़ती हैं। इसके अतिरिक्त पचास साल तक पहुँचते-पहुँचते मज़ाक की वस्तु—मृत्यु, हकीकत के रूप में दिखने लगती है। ऐसी स्थिति में भारतीय दर्शन का अध्ययन कभी न किये हुए व्यक्ति भयभीत हो उठता है। उसको हर ढोंगी बाबा साक्षात् ईश्वर का अवतार दिखाई पड़ता है। वह किसी न किसी बाबा के चंगुल में फँसता है और फिर बाबा उसका भरपूर शोषण करता है।

तीसरी चीज है—समयचक्र! कालचक्र में कोई चीज कब महत्त्वपूर्ण हो उठेगी और कोई चीज कब महत्त्वहीन हो जायेगी, कोई नहीं कह सकता। काल प्रवाह में चीजों का महत्त्व घटता-बढ़ता रहता है। जब हम लोग बी.ए. में पढ़ा करते थे, समाज में विश्वविद्यालय के प्रोफेसरों का कोई विशेष महत्त्व नहीं होता था। विश्वविद्यालय का प्रोफेसर साइकिल से चलता था और समाज में उसे मास्टर सम्बोधन प्राप्त था—करइँ मास्टरी दो जन खाहिं, लड़िका होइँ ननिअउरे जाहिं। मुझे एक घटना अभी भी याद है। एक बार एक इंजीनियर साहब अपनी पत्नी और बेटी के साथ मेरे घर पर पधारे थे। उस समय मेरे पिताजी इलाहाबाद विश्वविद्यालय में प्रोफेसर थे। इंजीनियर साहब ने अपनी लड़की की शादी विश्वविद्यालय के एक प्रवक्ता से तय कर दी थी। लड़की शादी करने के लिए तैयार नहीं थी। उसका कहना था कि जब शादी का कार्ड छपेगा तो आप लोग कार्ड में क्या छपवायेंगे? लेक्चरर? अन्ततः लड़की विश्वविद्यालय के लेक्चरर से शादी करने के लिए तैयार नहीं हुई। आज देखिए। विश्वविद्यालय का प्रोफेसर होना तो बहुत बड़ी बात हो गयी है। सरकारी प्राइमरी स्कूल में अध्यापक होना भी एक सम्मानजनक पेशा हो गया है। सो, समय की उठापटक चलती रहती है। चीजें महत्त्वपूर्ण-महत्त्वहीन-महत्त्वपूर्ण होती रहती हैं। कविता का भी समय फिर लौटेगा।

मैं समझता हूँ, हिन्दी साहित्य में कविता को पुनः सम्मानजनक स्थान दिलाने के लिए 'सहजतावाद' बहुत जरूरी है। 'कीर्तिकुमार सिंह की दार्शनिक कविताएँ' और 'दिल्ली के दो-पाया कुत्ते' नामक अपने कविता संग्रहों में 'सहजतावाद' पर मैं बहुत कुछ लिख चुका हूँ। आज के समय में कविता ऐसी होनी चाहिए कि कोई व्यक्ति कविता को पढ़कर आसानी से उसका अर्थ समझ जाय। अभी कुछ दिनों पूर्व मैं प्रो. सूर्यप्रसाद दीक्षित का एक लेख पढ़ रहा था। मुझे यह पढ़कर सुखद आश्चर्य हुआ कि निराला जी भी सहज कविता के प्रबल हिमायती थे। निराला ने कविता-कामिनी से कहा था—

सहज-सहज पग धर आओ उतर
देखें वे सभी तुम्हें पथ पर
वह जो सिर बोझ लिये आ रहा
वह जो बछड़े को नहला रहा
वह जो इस-उस से बतला रहा
देखूँ वे तुम्हें देख जाते भी हैं ठहर?
उनके दिल की धड़ेकन से मिली
होगी तस्वीर जो कहीं खिली
देखूँ मैं भी, वह कुछ भी हिली
तुम्हें देखने पर, भीतर-भीतर

–अनामिका

हिन्दी कविता उपेक्षा की ओर अग्रसर हुई अज्ञेय, मुक्तिबोध, शमशेर इत्यादि की पीढ़ी की कविताओं से। ये कवि जो कविताएँ लिखते थे, वे इतनी दुरूह, नीरस, बोझिल और उबाऊ थीं कि कवि और पाठक के बीच का रिश्ता ही समाप्त हो गया। कविता की प्रकांड समझ रखनेवाला और भयानक रूप से काव्य प्रेमी व्यक्ति ही खुशी से इन कवियों की कविताओं को पढ़ता रहा होगा और काव्यानन्द की अनुभूति करता रहा होगा। इस पीढ़ी के कवि न जाने किस ग्रह के लोगों के लिए कविताएँ लिखते थे। यदि केशवदास कठिन काव्य के प्रेत हैं तो अज्ञेय और मुक्तिबोध कठिन काव्य के पिशाच हैं। जहाँ तक मुझे लगता है, केशव की कविताएँ समझने में अज्ञेय और मुक्तिबोध की कविताओं से सरल हैं। एक बार मुक्तिबोध की कविता पढ़कर मैंने एक कविता लिखी थी। कविता का शीर्षक था—

वह कविता

अरे मुक्तिबोध!
मैंने जब-जब कोशिश की
पढ़ने की
तुम्हारी कविता 'अँधेरे में'
मुझे उबकाई आने लगी
जी कड़ा करके
एक दिन पढ़ गया मैं
पूरी की पूरी 'अँधेरे में'
हुईं कई उल्टियाँ

एसिडिटी बढ़ गयी
डॉक्टर ने सलाह दी
एकदम आराम करने की
कुछ दिनों तक कुछ भी न पढ़ने की

मैं समझता हूँ, यह पीड़ा सभी आम पाठकों की है। 'सहजतावाद' का आन्दोलन 1993 से चल रहा है। धीरे-धीरे अब ऐसी कविताएँ लिखी जाने लगी हैं, जो आसानी से लोगों की समझ में आने लगी हैं। ज्यों-ज्यों 'सहजतावाद' का आन्दोलन गति पकड़ेगा, कविता पाठक से जुड़ेगी।

चैत्र नवरात्र
ईसवी सन् 2014

कीर्तिकुमार सिंह
अध्यक्ष, दर्शन विभाग,
श्यामा प्रसाद मुखर्जी महाविद्यालय
(इलाहाबाद विश्वविद्यालय)
फाफामऊ, इलाहाबाद।
15/6, स्टैनली रोड, सिविल लाइन्स,
इलाहाबाद-211001
चलभाष : 09415094253

अनुक्रम

मज़बूत नाक

अपनी नाक मज़बूत करो
जगह-जगह रगड़नी पड़ेगी नाक
मन्त्री नहीं चाहता
उससे तुम
आँखों में आँखें डालकर बात करो
अपने हक की माँग करो
वह चाहता है
तुम उसके आगे नाक रगड़ो
अतः अपनी नाक मज़बूत करो
कम्पनी का मालिक
नहीं चाहता
महीने भर काम करने के बाद
महीने भर का वेतन
तुम साधिकार माँगो
वह चाहता है
तुम उसके आगे नाक रगड़ो
अतः अपनी नाक मज़बूत करो

कहने को लोकतन्त्र है
सब आदमी बराबर हैं
न कोई छोटा न कोई बड़ा
पर लोकतन्त्र सिर्फ़ तब है
जब मन्त्री आता है
तुम्हारे दरवाजे वोट माँगने

मन ही मन दाँत पीसते हुए
और ऊपर से दाँत चियारते हुए
जब वह वोट माँगता है तुमसे
तब लोकतन्त्र है
उसके बाद तो हर जगह
सिर्फ़ नाक रगड़नी है

वेतन माँगने जाओ
नाक रगड़ो
अपना ही जमा किया हुआ
फंड माँगने जाओ
नाक रगड़ो
पेंशन माँगने जाओ
नाक रगड़ो
बच्चे का नाम लिखाने जाओ
नाक रगड़ो
अपने घर में हुई चोरी की
रिपोर्ट दर्ज कराने जाओ
नाक रगड़ो

हर जगह जमाने में आज
नाक रगड़ने का काम
अतः अपनी नाक मज़बूत करो
जिसकी नाक जितनी मज़बूत
वह उतना ही सफल

19-1-2001

उत्तरदायित्व

अट्टहास करता हुआ
एक तानाशाह
जब अपने बूटों से
देश को रौंद रहा होगा
इतिहास की नज़र में
वह गुनहगार नहीं होगा
उसके बूट के नीचे दबे
कराह रहे बुद्धिजीवी से
प्रश्न करेगा इतिहास
देश को बचाने के लिए
तुमने कुछ किया क्यों नहीं?

विलासी राजा एक राजतन्त्र का
राग रंग में डूबा होगा
देश में अराजकता मची होगी
प्रजा हाहाकार कर रही होगी
आनन्द मनाकर
राजा साफ़ बच निकलेगा
इतिहास तुम्हें कठघरे में खड़ा करेगा
ओ बुद्धिजीवी!
क्यों परेशान रहे
भूख से बिलबिलाते
अपने बच्चों की
अँतड़ियों की फिक्र में

देश को बचाने के लिए
तुमने कुछ किया क्यों नहीं?

लोकतन्त्र में
चीरहरण करते हुए लोकतन्त्र का
कुछ शोहदेनुमा लोग
जब देश को
घर की खेती बना लेंगे
तब भी तुम्हीं दोषी ठहराये जाओगे
इतिहास पूछेगा
अरे बुद्धिजीवी!
शोहदों के गोली-बम से डरकर
तुम छुपे रहे
देश को बचाने के लिए
तुमने कुछ किया क्यों नहीं?

देश की इतनी समस्याएँ
मुँह बाये खड़ी हैं आज
इतिहास कहेगा
एक व्यक्ति चाहता तो सुलझ जातीं
सारी समस्याएँ
उधर जा रहा
बुद्धिजीवी नाम का वह
जो रुआँसा सा सहमा चला जा रहा है
और सत्ता के मद में डूबी
ठहाके लगाती एक मंडली
जिसके सर पर
टीप मारती चल रही है

27-8-2001

लोकतन्त्र की रेल

यात्राभत्ता का फर्जी बिल
एक सौ पाँच रुपये से खींचकर
एक सौ दस रुपये तक ले जाने में
पैर का पसीना सिर को आ रहा है
और अपने लेखों में बात करते हैं
दुनिया बदल डालने की

पीएच.डी. का परीक्षक बनने की
कोशिश में
बार-बार गिर पड़ रहे हैं
औंधे मुँह
कहते हैं
हम बनायेंगे एक नया समाज

भीड़ को ठेलते-ठालते
मन्त्री के पास पहुँच
सटकर एक फोटो खिंचाने को
हाँफ रहे हैं
कहते हैं
भ्रष्टाचार मिटाने
व्यवस्था को दुरुस्त करने के लिए
अब करना होगा हमें ही कुछ

वे एक पहुँचे फ़कीर हैं
सरकार के खिलाफ लिखकर

एक फड़कता हुआ लेख
सरकार के पैसों पर
विदेश में इस समय गुलछर्रे उड़ा रहे हैं
आम आदमी को इन्तज़ार है
सरकार के खिलाफ़
उनके एक और फड़कते लेख का
उसे उनका लेख
ज़ख़्म पर मरहम जैसा लगता है

लोकतन्त्र को सम्हालने का
दावा करने वाले सभी
बैठे हैं बिना टिकट
लोकतन्त्र की रेल में
और लोकतन्त्र की रेलगाड़ी
सरकती चल रही है
धीरे-धीरे
न जाने किस स्टेशन को

23-9-2001

बच्चे के नाम

ओ बच्चे!
तीन साल की छोटी सी उम्र में
तुम मत करना
कोई विश्व कीर्तिमान स्थापित करने का प्रयास

तीन साल की उम्र में
तुम हवाई जहाज मत चलाना
पाँच किलोमीटर तक
नदी में मत तैरना
आँखों पर पट्टी बाँध
मत दौड़ाना मोटरसाइकिल

तीन साल की उम्र में
तुम भागना तितलियों के पीछे
माचिस की खाली डिब्बियों से
घरौंदे बनाना
मिट्टी में पैसे बोना
पिताजी को घोड़ा बनाकर
घोड़े पर सवारी करना

विश्व कीर्तिमान फिर बना लोगे तुम
पर चले जाने पर
बचपन के एक बार
लाख कोशिशों के बावजूद
नहीं लौटा पाओगे बचपन

इसलिए मेरा कहा मानना
पिताजी के लाख कहने पर भी
तीन साल की उम्र में
हवाई जहाज उड़ाकर
अखबारों में
सनसनी मचाने का प्रयास मत करना

2-4-2001

असुन्दर लड़की के लिए शोकगीत

लड़की!
यदि तुम सुन्दर नहीं हो
तो पशु और तुममें फर्क नहीं है
पशु सिर्फ पशु
जिसके सींग-पूँछ नहीं है
और घास-भूसे के बजाय
अन्न खाती है जो

तुम्हारा गुणवान होना
कोई अर्थ नहीं रखता
तुम्हारा बुद्धिमान होना
निरर्थक है समाज के लिए
सुघड़ और सुशील गृहिणी बनकर भी
तुम पति का प्यार नहीं पा सकतीं

तुम झाड़ू-पोंछा लगा सकती हो
खाना बना सकती हो
बच्चे पैदा कर सकती हो
किसी समारोह की शोभा बढ़ाने के लिए
कोई नहीं बुलायेगा तुम्हें

सुन्दर लड़कियों को
बुलाकर
और प्रार्थना भाव से दी जाने वाली नौकरियाँ

तुम्हारे लिए नहीं हैं
तुम्हें नौकरी वही मिलेगी
जिसमें ज़बर्दस्त प्रतिस्पर्धा हो
और अपनी योग्यता से जिसमें
अपने को बीस सिद्ध कर पाओगी

ऑफिस का कोई सहकर्मी
तुम्हारे साथ चाय पीने के लिए
नहीं लालायित रहेगा
ऑफिस से घर लौटते समय
कोई तुमसे नहीं कहेगा
क्या मैं आपको घर तक छोड़ दूँ?
कोई धन्य नहीं समझेगा अपने को तुमसे कुछ देर बातें करके

टी.वी. और सिनेमा के पर्दे
तुम्हारे लिए नहीं हैं
सांसद और विधायक पद भी
तुम्हारे लिए नहीं हैं
थाली में दीप और मालाएँ लेकर
किसी समारोह में
नहीं खड़ी हो सकतीं तुम

उपेक्षा और तिरस्कार
यही दो चीजें हैं
जो तुम्हें जीवन में इफरात में मिलेंगी
और समेटते-समेटते इन्हें
तुम थक जाओगी
फिर भी तुम्हें सन्तोष करना पड़ेगा
यह सोचकर
कि पूर्वजन्मों के कर्म ही ऐसे थे

6-3-2004

मुद्दत बीत गयी है

हमें विकसित करनी होगी
अपने अन्दर यह क्षमता
कि पहाड़ की खूबसूरत वादियों का
देखकर चित्र
मन आनन्दित और भाव-विभोर हो जाय
पहाड़ों की खूबसूरत वादियों में
अब उग आये हैं
कंकरीट के जंगल

बच्चें को
तितलियों के चित्र देखकर
सीखना होगा
कूदना और खिलखिलाना
रंग-बिरंगी तितलियाँ
अब नहीं उड़ा करतीं चारों तरफ

घड़ी के एलार्म में बन्द
चिड़ियों की चहचहाहट सुनकर
हमें अब जागना होगा
सचमुच की चिड़ियों की चहचहाहट
अब नहीं सुनाई देती
जिसे सुनकर हम जागा करते थे

थोड़ी-बहुत झाड़ियाँ देख
उछलेगा शेर

और कूदकर उनके बीच
बैठ जायेगा शान से
फिर कल्पना करेगा
कुछ इसी तरह रहते रहे होंगे जंगल
हमारे बाप-दादा
जिनके राजा थे
इधर काफी दिनों से
मैं खोज रहा हूँ एक चित्र
किसी अच्छे इंसान का
अच्छा इंसान देखे
मुद्दत बीत गयी है

22-7-2004

स्मृतियों के पुजारी देश में

बापू!
हम स्मृतियों के पुजारी हैं
एक वेश्या की स्मृतियों को भी
हम बड़ी श्रद्धा से पढ़ते हैं
जो एक शराबी और जुआरी था
और नहीं रहा अब
इस दुनिया में
हम गलदश्रु हो उठते हैं
उसका भी फसाना पढ़कर
एक अन्तरराष्ट्रीय ठग
जो मर गया अन्ततः
सलाखों के पीछे पड़े-पड़े
उसके कारनामे पढ़कर
आश्चर्यमिश्रित सहानुभूति से
हम दबा लेते हैं
दाँतों तले उँगली
और कहते हैं
कुछ भी हो
कितना आला दर्जे का दिमाग था

बापू!
तुम तो राष्ट्रपिता थे
तुम्हारी स्मृतियों को तो
हम सर-माथे रखते हैं
रखेंगे भी क्यों नहीं?

पर बापू!
हम स्मृतियों के ही पुजारी हैं
जीते जी
हम बड़े से बड़े महापुरुष की भी
कर देते हैं
ऐसी-तैसी
ग़ालिब, निराला और प्रेमचन्द जैसों तक को
मुफ़लिसी में तड़पाया है हमने
यह अलग बात है
कि अब उस जगह की
एकदम सही पहचान करने में व्यस्त हैं हम
जिस जगह पैदा हुए थे
ग़ालिब, निराला और प्रेमचन्द

जीते जी
तुमको भी नहीं छोड़ा गया बापू
भले ही तुम राष्ट्रपिता थे
उड़ा दिया गया तुमको
गोली से

बापू!
अब तो सुना है
कुछ लोग उस गोली को भी
बड़ी श्रद्धा से याद करने लगे हैं
जो गोली तुम पर दागी गयी थी

9-1-2005

हम होंगे कामयाब

प्राइमरी स्कूल के इकलौते मास्टर जी
गाना गवा रहे हैं बच्चों से—
हम होंगे कामयाब
हम होंगे कामयाब
हम होंगे कामयाब एक दिन...
बच्चे पूरे उत्साह से
खूब जोर-जोर से गा रहे हैं गाना—
हम होंगे कामयाब
हम होंगे कामयाब
हम होंगे कामयाब एक दिन...

बच्चों को एक न एक दिन कामयाब होना ही है
कुछ प्रोफेसर बनने में कामयाब होंगे
कुछ आई.ए.एस.-पी.सी.एस. बनने में कामयाब होंगे
कुछ क्लर्क-चपरासी बनने में कामयाब होंगे
कुछ माफिया सरगना बनने में कामयाब होंगे
कुछ जेब काटने में कामयाब होंगे
कुछ दूसरों के घर में
झाड़ू-पोंछा लगाने में कामयाब होंगे
कुछ कूड़े में से
काम की चीजें बीनने में कामयाब होंगे
इन सब चीजों में से
कुछ भी करने में जो कामयाब नहीं हो पायेगा
कम से कम एक चीज उसके लिए भी बची रहेगी
वह आत्महत्या करने में कामयाब हो जायेगा

बच्चे खूब मगन होकर
जोर-जोर से गा रहे हैं—
हम होंगे कामयाब
हम होंगे कामयाब
हम होंगे कामयाब एक दिन...

मास्टर जी निश्चिन्त हैं
वे जानते हैं
पहली तारीख को
वेतन पाने में
उन्हें तो कामयाब होना ही है

6-6-2005

घर

घर वह होता है
पसरी रहती है जिसमें
चौबीसों घंटे
तनाव की धुन्ध

सर छुपना दूभर होता है
लेकिन घर फिर घर होता है
काँटों पर बिस्तर होता है
लेकिन घर फिर घर होता है
यह गीत गाने के दिन
अब नहीं रहे

घर वह होता है
जिसमें
बहुएँ फूँकती रहती हैं
अपने पति के कान में मन्त्र
कि घर में सबसे भोले-भाले
सबसे बेवकूफ
तुम्हीं हो
बाकी सब भाई हड़प लेंगे
बाप की जायदाद
तुम टापते रह जाओगे

घर वह होता है
जिसमें

बूढ़े माँ-बाप हर शाम
निरीह आँखों से ताकते रहते हैं
कि झनकते-पटकते ही सही
कोई बहू
आज खाना देगी
या बाहर खाना पड़ेगा
कल की ही तरह

घर वह होता है
जिसमें सारे भाई तिकड़में रचते रहते हैं
कि मरने के पहले
बुड्ढे-बुढ़िया से
सब कुछ कैसे अपने नाम करा लिया जाय

सारे भाई
जो शादी के पहले
एक ही कमरे में रह लेते थे
अब पूरे घर में साथ रहना
सम्भव नहीं रहता उनके लिए
तिकड़में रचते हैं
कि बाकी सब को घर से कैसे भगाया जाय

घर के स्थायी भाव बन चुके
तनाव से
परेशान हैं सभी
दो-चार महीने में
सप्ताह भर के लिए
वे बारी-बारी से
बाहर जाते रहते हैं
फिर आते हैं
उसी तनाव की धुन्ध में घुस जाते हैं

माया ठगिनी
घर की बहुएँ
जाने कौन सा वशीकरण मन्त्र
सिद्ध किये रहती हैं
पतियों को अँगुलियों पर नचाती हैं
भाइयों को आपस में लड़ाती हैं
बच्चों से
बूढ़े सास-ससुर को गाली दिलवाती हैं

आजकल घर ऐसा ही होता है
जिसमें सिर छुपाना दूभर नहीं होता
काँटों पर बिस्तर नहीं होता
फिर भी उसमें चौबीसों घंटे
तनाव का बसर होता है

2-11-2004

शिल्प

बुरी तरह रौंदा गया मैं
पड़ा कराह रहा था
कुछ लोग आये
खड़े हो गये मेरे पास
फिर यह कहते हुए चले गये
कि इसके कराहने का शिल्प
प्रभावशाली नहीं है

14-12-2004

मिट्टी का पैकेट

दुकानों से मिट्टी का पैकेट खरीदकर
बहुत सारे लोग
अपने घरों को लौट रहे हैं
बहुत सारे लोग
उस मिट्टी का पैकेट खरीदने के लिए
दुकानों की तरफ लपके जा रहे हैं
जो ज्यादा बुद्धिमान थे
वे मिट्टी का पैकेट पहले ही खरीदकर
अपने घरों में रख चुके हैं

पिछले कई दिनों से
टी.वी. पर विज्ञापन आ रहा है
कि नहाने के आधे घंटे पहले
पैकेट की थोड़ी सी मिट्टी एक कटोरी में घोलिए
उस घोली हुई मिट्टी को
चेहरे पर पोत लीजिए
नहाते समय मिट्टी को धो डालिए
छह महीने तक ऐसा करने से
चेहरे पर नूर आ जायेगा

टी.वी. के सारे चैनल
हर आधे घंटे पर
यह विज्ञापन दिखा रहे हैं
विज्ञापन बहुत बड़ी

दुनिया की जानी-मानी कम्पनी का है
इसलिए हर आदमी
कम्पनी द्वारा पैक किये गये
उस मिट्टी के पैकेट को खरीदने के लिए उतावला है
हर आदमी चाह रहा है
उसके चेहरे पर नूर आ जाये

रिक्शा चलानेवाला भी
बूट पॉलिश करने वाला भी
अधिकारी भी
चपरासी भी
सब उस मिट्टी के पैकेट के लिए पागल हैं

सब जान रहे हैं
पैकेट में साधारण सी मिट्टी है
उस मिट्टी में कुछ भी असाधारण नहीं है
पर वे लाचार हैं

एक तो इतनी बड़ी कम्पनी का विज्ञापन
वह भी सारे चैनलों पर आ रहा विज्ञापन
हर आधे घंटे पर दिखाया जा रहा विज्ञापन
टी.वी. पर प्रचार में
फिल्मों के सबसे सुन्दर हीरो-हीरोइनों द्वारा
पुष्ट किया जा रहा विज्ञापन

इतने पर तो
देवताओं का बुद्धि-विवेक नष्ट हो जाय
फिर वे बेचारे तो मानव हैं
इसलिए हर कोई भाग रहा है
उस मिट्टी के पैकेट के पीछे
चेहरे पर नूर आये न आये

26-2-2005

राजा-रानी की कहानी

अमूमन कहानी वैसी ही है
जैसे राजा-रानी की कहानी होती है
कहानी के अन्त में
राजा-रानी खुशी-खुशी राजपाट करने लगते हैं

चार बेटे हैं
दो बेटे डॉक्टर हैं, दो इंजीनियर हैं
चार अलग-अलग शहरों में रहते हुए
अपने बीवी-बच्चों के साथ
चारों खुशी-खुशी राजपाट कर रहे हैं

कहानी के अन्त के पूर्व का हिस्सा बीत चुका है
चारों बेटों की एक माँ थी
बेटे डॉक्टर और इंजीनियर थे
माँ गाँव में मजदूरी करके पेट पालती थी
धीरे-धीरे माँ एकदम बूढ़ी हो गयी
काम-धाम करने लायक नहीं रह गयी
भीख माँग कर पेट पालने लगी वह
अन्त में उस लायक भी नहीं रही
घिसट-घिसट कर
एड़ियाँ रगड़-रगड़ कर उसी गाँव में दम तोड़ दिया एक दिन
माँ के मरने पर भी
गाँव में उसे देखने नहीं गया कोई बेटा

फिर कहानी खतम
राजा-रानी का राजपाट शुरू

चारों बेटों ने
अपने-अपने ड्राइंगरूप में
माँ का बड़ा सा चित्र टाँग रखा है
चित्र पर माला चढ़ी रहती है
जो भी नया आदमी घर आता है
उसे अपनी माँ की कहानियाँ सुनाते हैं वे
माँ त्याग और ममता की मूर्ति थी
बड़े कष्ट से हम भाइयों को पढ़ाया-लिखाया

नौकरी पाने के बाद
हमने उसे सोने की सेज पर रखा
जितनी अपनी माँ की हमने सेवा की
क्या करेगा कोई
लोग उनकी मातृभक्ति की तारीफ़ करते हैं
वे सोफे पर अकड़ कर बैठ जाते हैं

जैसा कि आप जानते हैं
अन्त में जब राजा-रानी राजपाट करने लगते हैं
उसके आगे की कहानी नहीं सुनायी जाती

2-6-2006

अखबारों का चक्कर काटती एक घटना

एक घटना घटित हुई
घटित हो जाने के बाद वह घटना
चक्कर काटने लगी अखबारों के दफ्तरों का
घटना चिरौरी कर रही थी अखबार वालों से
कि उसे छाप दिया जाय

अखबार वाले पूछते उससे
क्यों छाप दिया जाय तुम्हें
क्या खास बात है तुममें
घटना अपने महत्त्वपूर्ण होने के
बहुत से तर्क गिना रही थी
घटना अपनी एक फोटो भी लाई थी
होशियार थी घटना
फोटो की कई प्रतियां उसके पास थीं

घटना कई अखबारों के दफ्तरों का
चक्कर काट
कुछ-कुछ निराश हो रही थी
एक अखबार वाले ने
समझाया उसे
अपने को कायदे से लिखकर लाओ
कैसे-कैसे घटित हुई तुम
तभी छप पाओगी
हमें इतनी फुर्सत नहीं है
कि तुम्हें लिखें बैठकर

घटना वैसे तो नाउम्मीद हो चली थी
फिर भी उसने
सिलसिलेवार कायदे से लिखा अपने को
उस लिखे को
कई प्रतियों में फोटोस्टेट कराया

घटना फिर से चक्कर काटने लगी
अखबारों के दफ्तरों का
अबकी बार उसे कामयाबी मिली
कुछ अखबारों ने
उसके विवरण और फोटो को ले लिया

अगले दिन
वह घटना
कुछ अखबारों में छपी
कहीं फोटो सहित कहीं बे-फोटो सहित
एक अखबार ने
खूब मिर्च-मसाला लगाकर
और फोटो सहित
उस घटना को ऐसा छापा
कि अगले दिन उसकी बड़ी चर्चा हुई
अखबार ने लिखा
कि कैसे हमारे संवाददाता ने
घटनास्थल पर जाकर
और कितनी कठिनाई से
उस घटना का विवरण एकत्र किया है

जिन अखबारों ने
नहीं छापा था उस घटना को
उसके पत्रकारों ने अपना सिर थाम लिया
हाय!
कल उस घटना बेचारी को
क्यों हमने लिफ्ट नहीं दिया

1-4-2007

दोस्त को याद करते हुए

दोस्त!
कितने दूर हो गये हैं हम-तुम
हम दोनों
बचपन में साथ-साथ खेले, साथ-साथ खाये
बड़े हुए साथ-साथ
याद है?
भोर में ही टार्च लेकर हम आम बीनने निकलते थे
कबड्डी खेलते हुए
एक बार मैंने तुम्हें उठाकर पटक दिया था
कान फट गया था। तुम्हारा
घर पर बहुत मार पड़ी थी मुझे

कक्षा में
पंडित जी की छड़ी
हाथों पर हमने साथ-साथ झेली है
कितने पक्के दोस्त थे हम-तुम

अब तुम मुझसे कतराते हो
बहुत बड़े आदमी जो हो गये हो
लोग तुम्हें साहब, सरकार, हुजूर बोलते हैं
मैं नहीं बोल पाता
बहुत सोचने की कोशिश करता हूँ
कि अब तुम आदमी नहीं रहे
देवता हो गये हो

लेकिन लाख कोशिश करके भी
मैं तुम्हें देवता नहीं समझ पाता
बचपन से ही तुम्हें मैंने आदमी के रूप में देखा है
वह संस्कार छूट नहीं पाता
नहीं चाहता, फिर भी तुम मुझे आदमी ही दिखते हो
तुम इसीलिए कतराते हो मुझसे
कि मैं पहले की ही तरह बात करना चाहता हूँ तुमसे
साहब, सरकार, हुजूर नहीं कहता
अपनी गाड़ी में बैठे-बैठे
मुझे देखकर उधर मुँह कर लेते हो
और झन्न से निकल जाते हो
तो झर-झर आँसू बहने लगते हैं
मेरी आँखों से

कोई बात नहीं दोस्त!
फिर मिलेंगे हम-तुम
गंगा के किनारे
मुझे और तुम्हें
जब जलाने आयेंगे लोग तो फिर मिलेंगे हम दोनों
तुम्हारे साथ बहुत लोग आयेंगे
मेरे साथ थोड़े लोग आयेंगे
हम दोनों की चिताएँ जब जल जायेंगी
और गंगा नदी में हमारी-तुम्हारी राख
आपस में मिलेगी
तो चिकोटी काटूँगा मैं तुम्हें—
क्यों बे!
बहुत बड़ा आदमी बन गया था
पहचानता ही नहीं था
अब बोल!

30-6-2008

जनता की कविता

जब एक बच्चा
पढ़ता है मेरी रचना
और पढ़कर
खुश हो जाता है
मेरे होठों पर
एक मुस्कान उभर आती है
लगता है
परिश्रम सार्थक हो गया मेरा

मैं उस आलोचक की ओर देखता हूँ
जो गधे की तरह
लटकाये थोबड़ा
गोबरैले की तरह फूला
मारे घमंड के थूथन को सिकोड़ता
अपने को समझता हुआ
साहित्य का धर्मराज
फिलहाल उत्सुक नहीं है
कुछ कहने को

मुझे रुचि नहीं है
उस धर्मराज के निर्णय में
वह धर्मराज कनखियों से
देख रहा है मुझे
वह समझ रहा है

जल्दी ही
करनेवाला हूँ मैं
उसकी लल्लो-चप्पो

मैं थोड़ी सी धूल उठाता हूँ
उस आलोचक के मुँह पर फेंकता हूँ
और बच्चे का हाथ पकड़
खिलखिलाते हुए
वहाँ से चल देता हूँ

10-3-2001

इतिहास

उनका बचपन बना
बहुत बड़ा इतिहास
बचपन में वे सो रहे थे
शेर पैर चाट रहा था
या फिर
सिरहाने फन काढ़े बैठा था साँप
उन्होंने बचपन में
यह किया
उन्होंने बचपन में
वह किया
एक बार बचपन में उन्होंने
मार दिया था कद्दू में तीर
उन्हीं के समय
बहुत सारे बचपन
सिर्फ़ इसलिए बनाये गये
जो इतिहास में
यह दर्ज करने के काम आये
कि उन्होंने
अपनी तलवार से
हजारों औरतों और बच्चों को
मौत के घाट उतार दिया

28-9-2001

समाचार

दिन भर नौकरी-चाकरी
या ऐसा ही
कुछ करने के बाद
रात में हम
पसरकर बैठ जाते हैं टी.वी. के सामने
रात के भोजन का
कौर ठूँसते हुए मुँह में
दीदे फाड़कर
हम सुन रहे होते हैं समाचार

सोचते हैं
शायद आज आया हो कहीं
भयंकर भूकम्प
और हजारों मर गये हों
या कि कहीं
कतार में खड़ा करके
पचासों को भून दिया हो
आतंकवादियों ने
हो सकता है
यात्रियों से ठसाठस भरी
दो रेलगाड़ियाँ
आमने-सामने टकरा गयी हों
और मर गये हों सैकड़ों
मन में होती है

एक सम्भावना यह भी
कि शायद किसी सिरफिरे ने
प्रधानमन्त्री को ही
उड़ा दिया हो बम से

अगर कुछ भी नहीं होता ऐसा
रात के भोजन के कौर
बदमज़ा हो जाते हैं
मन खिन्न हो जाता है
टी.वी. खरीदना व्यर्थ लगने लगता है
मुँह से गाली भी निकलती है
आज ससुर
कोई खास समाचार ही नहीं है

5-8-2001

नागपंचमी

केंचुआ पंचमी
नहीं मनाता कोई
लोग नागपंचमी मनाते हैं
केंचुआ तो
आम आदमी जैसा होता है
जगह-जगह रेंगता
बजबजाता हुआ सा
पैर के नीचे पड़ जाय
मन घिना जाता है

साँप पैर के नीचे पड़ जाय?
न मन घिनाता है
न गुदगुदी होती है
रूह काँप जाती है
फन उठाकर फुफकारता है
तो रोएँ खड़े हो जाते हैं

दुनिया भुजंगता को पूजती है
केंचुआपन नहीं
केंचुआ बस
समझता बैठा रहे अपने को
भला और नेक
नाग को भी
समझती बैठी रहे दुनिया

भयानक और क्रूर
कोई फर्क नहीं पड़ता साँप को

मेरा भी एक बेटा
बन गया है भला और नेक
काश वह बन गया होता
माफिया सरगना
दुनिया मेरे सामने सिर झुका रही होती
जमाना
मेरी मुट्ठी में होता

5-8-2001

उस कविता को नमस्कार करते हुए

कविता के चक्कर में
क्यों पड़े कोई?
घर बनवाने में काम नहीं आती कविता
कार खरीदने में काम नहीं आती कविता
शेयर मार्केट में
सूचीबद्ध नहीं होती कविता
कविता
एक प्रतिशत ब्याज पर भी
नहीं उठायी जा सकती कहीं

दलबदल कराने में काम नहीं आती कविता
झण्डा उठाने में काम नहीं आती कविता
लोकसभा और विधानसभा में
बहुमत सिद्ध करने में भी
काम नहीं आती कविता
सूचना क्रान्ति के
इस युग में
अपनी जानकारी दुरुस्त रखने के लिए
इतना भर जानना ज़रूरी है
कि इस समय के
चार-छह अच्छे कवि कौन हैं?
चार-छह अच्छे कवियों का नाम ज़रूरी है
कविता ज़रूरी नहीं है
तब फिर

कविता के चक्कर में
क्यों पड़े कोई?
भिखमंगा कवि ही
कविता लेकर ओढ़े-बिछाये

पुरनिये कहते थे
जब गेहूँ से पेट भर जाता है
तब गुलाब की ओर आकर्षित होता है मनुष्य

लेकिन अब लाखों टन गेहूँ से भी
नहीं भरता पेट आदमी का
चाँद जैसा चेहरा
केवल पढ़ते-गाते हैं लोग
अस्सी साल धरती पर बिता लेने पर भी
लोगों को फुर्सत नहीं मिलती
कि वे ध्यान से एक बार देख लें पूर्णमासी का चाँद
चरण-कमल और कर-कमल
खूब छपता है निमन्त्रण पत्रों पर
पर कमल देखने की
शायद ही किसी को फुर्सत हो

चन्द्रमा, कमल, चाँदनी रात, भौंरों की गुनगुन
अब किसी में आदमी को सौन्दर्य नहीं नज़र आता
नोटों की गड्डियों से भरे हुए बोरे!
आह! क्या सौन्दर्य है इनमें
आदमी का हृदय आनन्दित हो उठता है
नहीं देखने को मिलता तो केवल सोचकर

पासबुक, चेकबुक, लॉकर, क्रेडिट कार्ड
इनके सौन्दर्य के सामने
सुन्दरी के हाथ, पैर, बाल, गाल सब फीके हैं

नोटों की गड्डियों के सौन्दर्य पर
कोई कवि नहीं लिखता कविता
इसलिए आदमी के लिए कविता बेकार है
अब मरते समय किसी की कल्पना में
किसी के होठों पर
ईश्वर नहीं होता

मरते समय
आदमी की कल्पना में
सिर्फ नोटों की गड्डियाँ होती हैं
जीभ पैसा-पैसा रटती रहती है
और आदमी
इस धरती को अपने साथ ले जाने का अरमान पाले
दुनिया से विदा हो जाता है

19-11-2001, 2-11-2005

वे औरतें

जो औरतें बेहद कामुक और चंचल हैं
न जाने क्यों
वही अत्यधिक परेशान हैं
जमाने भर की लड़कियों के
चरित्र को लेकर

उन्हें चिन्ता नहीं है
अपने दस यारों को लेकर
उन्हें चिन्ता है
पड़ोस की लड़की की
वह लड़की बाजार में
एक लड़के के स्कूटर के
पीछे बैठी दिखी थी

आपसी बातचीत में
किसी लड़की के प्रति
उनका सम्बोधन नहीं होता
कमला, विमला या सरला
उनका सम्बोधन होता है—
अरे वही, जो भाग गयी थी
या फिर
वो, जिसका गर्भपात कराना पड़ा था

ऐसे ही औरतें अपने बहू को जलाकर मार डालती हैं
सिर्फ इसलिए

क्योंकि बेटा उसे बहुत प्यार करता था
फिर तब
दर्जन भर मनोवैज्ञानिक
आकर जमा हो जाते हैं
उसके पिछवाड़े
और वह बेहद कामुक और चंचल औरत
मनोविज्ञान के छात्रों के सिर पर
एक अध्याय के रूप में लद जाती है

22-11-2001

कमीशन की समृद्धि

पत्नी कभी फुसलाकर समझाती है
कभी धमका कर
अरे यह कोई घूस थोड़े है
कोई भ्रष्टाचार थोड़े है
यह तो कमीशन है
नहीं लोगे उसे तुम
तो रख लेगा व्यापारी
अपनी जेब में उसे

वह कुढ़ती है
खीझती है
पीटती है अपना माथा
ऐसा मूर्ख पति
पड़ना था मेरे ही पल्ले

पत्नी की नज़र में
मैं ईमानदार नहीं हूँ
पूरा कूढ़मगज़ हूँ
अपनी ज़िन्दगी बर्बाद कर रहा हूँ
परिवार को भी बर्बाद कर रहा हूँ

पास-पड़ोस के लोगों की
कमीशन की समृद्धि
पत्नी को कुंठित किये डाल रही है

कभी ताना मारती
कभी जल मरने की धमकी देती
वह बना देती है घर को नर्क

मेरे घर में भी आ जाती है खुशहाली
समृद्धि
मैं वह लेने लगता हूँ
जो घूस नहीं है
जिसे लेना
भ्रष्टाचार नहीं है
वह तो सिर्फ कमीशन है
मेरे न लेने पर
रख लेता था व्यापारी
जिसे अपनी जेब में

सब खुश हैं परिवार में
आलीशान बँगला खड़ा हो जाता है
नौकर-चाकर आ जाते हैं
स्कूटर की जगह
घर में तीन कारें खड़ी हैं
परिवार में इससे किसी को मतलब नहीं
कि कारें
मेरी अन्तरात्मा पर खड़ी हैं

1-2-2002

लड़कियों का कॉलेज

जगह-जगह खड़े कई वात्स्यायन
पान थूक रहे हैं
जगह-जगह खड़े कई फ्रायड
सिगरेट फूँक रहे हैं
वे इन्तज़ार कर रहे हैं
वे थोड़ा ऊब रहे हैं
समय काटने के लिए
बीच-बीच में कोई वात्स्यायन
किसी फ्रायड से
हँसी-ठट्ठा कर ले रहा है
किसी फ्रायड को पेशाब लगती है
वह व्यग्रता से भागता है
व्यग्रता से वापस आता है
उसे डर है
कहीं उसी दो मिनट में ही
न घटित हो जाय सब कुछ
वात्स्यायन निश्चिन्त हैं
इसमें
कहीं कुछ गलत नहीं है
यह सब तो बहुत स्वाभाविक है

फ्रायड निश्चिन्त हैं
मानसिक रूप से
सतुलित बने रहने के लिए
यह सब तो बहुत आवश्यक है

अन्ततः
छूटता ही है लड़कियों का कॉलेज
अब
सारे वात्स्यायन
सारे फ्रायड
अपनी-अपनी जगह पर स्थिर हो
आँख सेंक रहे हैं

30-4-2002

विद्रोही जी

विद्रोही जी
कवि थे
पर अब
छोड़ चुके हैं कविता लिखना
कविता में विद्रोही जी
पहले आग उगलते थे
पर जब से महाविद्यालय में प्राध्यापक हुए
बदल गये हैं विद्रोही जी

जब नयी-नयी नौकरी लगी थी
तब कवि ही थे विद्रोही जी
अव्यवस्था के खिलाफ़
विद्रोही जी के दिल में
धधक रही थी आग
तब उनमें जोश था
अव्यवस्था के खिलाफ़ लड़ने का
वे यहाँ भी लड़ बैठे
अपने प्राचार्य के फर्जी बिल-वाउचर के खिलाफ

कविता को लिखना
कविता को जीना
दो अलग-अलग चीजें हैं
विद्रोही जी को पता नहीं था यह
प्राचार्य ने

विद्रोही जी को गोपनीय आख्या में
प्रतिकूल प्रविष्टि कर दी
विद्रोही जी को नाकों चने चबाने पड़े
इतना
कि छूट गयी कविता

अब विद्रोही जी
प्राचार्य की बगल में बैठे
बस हें-हें करते हैं
दिनभर खैनी खा-खाकर
विद्रोही जी के पास रखी टोकरी में
प्राचार्य थूकता रहता है
विद्रोही जी हाँक लगाते रहते हैं—
'ग़ज़ब सर! अद्भुत सर!
थूकने की क्या लाज़वाब स्टाइल है सर!'

मन घिन से गिनगिना उठता है
पर प्राचार्य के खैनी के थूक को
दिन भर देखते रहना मज़बूरी है
ग़ज़ब सर! अद्भुत सर! का
दिन भर हाँका लगाते रहना भी
मज़बूरी है
विद्रोही जी कवि थे
पर अब
विद्रोही जी छोड़ चुके हैं कविता लिखना
इस भय से
कि उनकी गोपनीय आख्या में
फिर प्रतिकूल प्रविष्टि न हो जाय

4-5-2002

बाद में है देश

मैं खुश हूँ
इसलिए नहीं कि वह हिन्दुस्तानी है
वह राजपूत है
मेरी बिरादरी का है
मैं खुश हूँ
मैं बहुत-बहुत खुश हूँ
पागलपन की हद तक खुश हूँ मैं
लोग कहते हैं
उसने देश का नाम रोशन कर दिया
मैं कहता हूँ
उसने जाति का सिर ऊँचा कर दिया है
बिरादरी की छाती
गजभर चौड़ी कर दी है
लोग कहते हैं
पहली बार एक हिन्दुस्तानी ने
ओलंपिक में जीता स्वर्ण पदक
मैं कहता हूँ
हाँ यह सही है
हिन्दुस्तानी ने जीता है स्वर्ण पदक
लेकिन यह क्यों नहीं देखते
कि वह हिन्दुस्तानी, राजपूत है
मेरी बिरादरी का है

मैं खुश हूँ
कि वह हिन्दुस्तानी है

पर दिल में
यह सोचकर ज्यादा गुदगुदी हो रही है
कि वह राजपूत है
मेरी बिरादरी का है

19-3-2002

पाठक का दायित्व

मैं पाठक
मेरे ऊपर बहुत बड़ा दायित्व
मुझे अमर करना है
लेखकों और कवियों को

सब्जी लाना
दूध लाना
राशन लाना
पेट की आग बुझाना
फिर भी समय निकालना है
मुझे अमर करना है
लेखकों और कवियों को

दस से पाँच
दफ्तर में सिर खपाना
कुछ अतिरिक्त आमदनी के लिए
दाएँ-बाएँ का भी काम देखना
लौटूँ थकाहारा घर
घर पर
बच्चे होमवर्क लिये तैयार
फिर भी समय निकालना है
इतना गुरुतर दायित्व है
मुझे अमर करना है
लेखकों और कवियों को

सबेरे-सबेरे
अखबार पढ़ना है
अखबार वाले द्वारा दी गयी
कुछ हल्की-फुल्की पत्रिकाएँ पढ़नी हैं
अमरत्व के अभिलाषी
भीषण साहित्यकारों का
दुष्पाच्य लेखन झेलने के लिए
पूर्व तैयारी के रूप में
पढ़ना पड़ता है
कुछ हल्का-फुल्का

पहले थी देश की जनसंख्या जितनी
उतने अब
अमरत्व के अभिलाषी साहित्यकार
फिर भी मुझे पढ़ना है उन्हें
नहीं पढ़ूँगा
तो अमर कैसे होंगे वे
इसीलिए मुझे समय निकालना है
मुझे अमर करना है
लेखकों और कवियों को

7-6-2002

हैसियत

बनो
ड्राइंगरूम में
सजाकर रखने लायक वस्तु
आपको
अपने ड्राइंगरूम में बैठाकर
गर्व से कह सकें लोग
यह है एक बहुत बड़ी तोप
और यह तोप
इस समय रखी हुई है मेरे ड्राइंगरूप में

नहीं तो
घूमते रहो फटीचर की तरह
करते हुए क्रान्ति की बातें
अपने को साहित्यकार बतलाते

लक्ष्मी की माया है
कहीं धूप कहीं छाया है
धूप वाले
सिर्फ धूपवालों के बीच रहते हैं
नहीं देते वे किसी को
अपने हिस्से की धेला भर धूप

अपनी शान बढ़ाने के लिए
कभी-कभार

वे रख लेते हैं अपने ड्राइंगरूप में
किसी बहुत बड़े मरणासन्न साहित्यकार को
परन्तु वह
जो मरणासन्न नहीं है
और सिर्फ साहित्यकार है
धूप वालों की निगाहों में
सिर्फ एक लतिहर है
उनसे यदि पाना चाहते हो
थोड़ा सा सम्मान
तो अपनी मृत्यु की प्रतीक्षा करो
सड़क के किसी एक कोने में
सरकारी पैसे से
तुम्हारी प्रतिमा खड़ी करवा देंगे वे
तुम्हारे जन्मदिन और पुण्यतिथि पर
अवश्य जुटेंगे कुछ धूप वाले
तुम्हारी प्रतिमा पर फूल चढ़ेंगे
और दिये जायेंगे भाषण
वे भाषण
जीते जी जिन्हें तुम नहीं सुन पाये

4-11-2002

मेरे हिस्से का गर्व

जब सड़क पर चलता हूँ
मुस्कराता हूँ मैं
गर्व और गुदगुदी
दोनों होने लगती है
यह सोच-सोच
कि मैं इस आज़ाद हिन्दुस्तान का
एक आयकरदाता हूँ

सोचता हूँ मैं
कि चल रहा हूँ जिस सड़क पर
उसका कम से कम एक फीट हिस्सा
मेरे हिस्से के आयकर से
अवश्य बना होगा
उस एक फीट हिस्से के हिस्से की
कमीशन, दलाली, रिश्वत
नीचे से ऊपर तक
न जाने किस-किस के हिस्से आयी होगी

सड़क के ठेकेदार का घर चलाने में
मेरा भी कुछ योगदान है
सोच-सोच गुदगुदी होती है मुझे
फिर इंजीनियर ने सड़क को पास किया होगा
उसका घर चलाने में भी
योगदान है मेरा

मुझे गुदगुदी होती है
फिर वहाँ से
न जाने कितनों का घर चलाते
पहुँच गया होऊँगा मैं
मन्त्री का घर चलाने
मुझे गुदगुदी पर गुदगुदी
होती चली जाती है
हाय!
क्या प्रधानमन्त्री का घर चलाने में भी
है मेरा कुछ योगदान?
मुझे खूब-खूब गुदगुदी हो रही है
गुदगुदी के मारे
मरा जा रहा हूँ मैं

3-2-2003

तपस्या भंग

किसी तपस्वी की
तपस्या भंग करने के लिए
अब इन्द्र को नहीं भेजनी पड़तीं
मेनका, उर्वशी और रम्भा
मेनका, उर्वशी और रम्भा की व्यवस्था
तपस्वी
अब स्वयं कर लेते हैं

कुम्भ मेले में
प्रयाग में संगम तट पर
देश के सारे
नामवर तपस्वियों का जमावड़ा!
हर तपस्वी के बने हुए
एक से एक सुविधा-सम्पन्न आश्रम
हर आश्रम में
देश-विदेश की
एक से एक मेनकाएँ, उर्वशियाँ, रम्भाएँ

हर आश्रम में मौजूद
समिधा, हवन-सामग्री और यज्ञ-कुंड
हर आश्रम में मौजूद
दुनिया की हर प्रकार की लिपिस्टिक
सजाव-शृंगार के सारे सामान
जिन्हें देख-समझ
इन्द्राणी को भी फीका लगे अपना शृंगार-कक्ष

तपस्वी यज्ञ कर चुका
यज्ञ-कुंड में समा चुकी
सारी हवन सामग्री
वह एक मेनका को बुलाता है—
सुनो!
मैं तपस्या करने के लिए
पद्मासन लगाने जा रहा हूँ
जब मैं तपस्या करने लगूँ तुम आकर
मेरी तपस्या भंग कर देना, अच्छा!

13-3-2003

सपने की अहमियत

सपने में
जितनी आसानी से
तैयार हो जाती है अभिनेत्री
हकीकत में
उतनी आसानी से
वह क्यों नहीं तैयार होती?

सपने में
मिल जाते हैं इतने पैसे
कि समेटता जाता हूँ समेटता जाता हूँ
पर समेट नहीं पाता
हकीकत में
क्यों नहीं मिलते इतने पैसे?

सपने में
डाकिया दे जाता है
जितनी चिट्ठियाँ
हकीकत में
उतनी चिट्ठियाँ
क्यों नहीं दे जाता डाकिया?

यथार्थ!
तुमसे मैं मुठभेड़ लूँ
उसके पहले
मुझे मेरे सपने में
थोड़ी देर विश्राम कर लेने दो!

23-2-2003

नहीं मेरे दोस्त!

मुझे राष्ट्रकवि बनाने का प्रयास
मत करो मेरे दोस्त!
राष्ट्रकवि बनने की दूसरी शर्त
आसान है
देश की अच्छाइयों पर लिखो
देशभक्ति के गीत गाओ
परन्तु राष्ट्रकवि बनने की
पहली शर्त
बड़ी कठिन है मेरे दोस्त!
सरकार में बैठे हुए लोगों की
नीचता और कमीनगी के प्रति
आँखें बन्द कर लो
जनता को मत बताओ
कि वे घुन हैं
राष्ट्ररूपी लकड़ी को खोखला कर डाल रहे हैं
वे इतने पतित और घटिया हैं
कि उनको दी जाने वाली कोई भी गाली
उनसे हल्की है
नहीं मेरे दोस्त नहीं!
जनता को बताने दो मुझे
कि इन दरिन्दों से बचो
तुम्हारी बोटी-बोटी नोच खायेंगे ये
भावी पीढ़ियों को आगाह करने दो
कि जिन पापियों की छाँव

नसीब हुई हमें
वैसे पापियों को
अपने सिर पर छाता मत तानने देना
दोस्त!
मेरे लिए इस शुभ की कामना मत करो
कि राष्ट्रकवि बन जाऊँ मैं
उससे अच्छा तो यह होगा
कि तुम कामना करो
कि कवि ही न रह जाऊँ मैं

1-4-2003

पापी पेट

बीतने वाली हैं अब छुट्टियाँ
अपना शहर छोड़कर
अब हमें फिर जाना होगा महाविद्यालय
उस महाविद्यालय
जो हमारा अन्नदाता है
हमारा माई-बाप है

बीतने वाली हैं छुट्टियाँ
अब फिर से हमें जाकर देखना है
प्राचार्य के थूथन को
उस थूथन को
फिर से झेलना है एक बार

फिर से बैठकर हम प्राचार्य के सामने
हें-हें करेंगे
वह हमारी गोपनीय आख्या जो लिखता है
वह झुकेगा
हम झुकेंगे
वह खड़ा होगा
हम भी खड़े हो जायेंगे
वह घूरेगा
हम चुप हो जायेंगे
वह ठहाका लगायेगा
हम कह पड़ेंगे

वाह सर वाह!
क्या बात है सर!

वह कभी-कभी
अपने साम्राज्य का निरीक्षण करने निकलेगा
हम सभी प्राध्यापक
उसके पीछे-पीछे चल रहे होंगे
ढोल मजीरे बजाते हुए
जय-जय और हरे-हरे गाते हुए
जय-जय प्राचार्य जय-जय
प्राचार्य हमारा दयालु बड़ा

वह सारी कक्षाओं में घूमेगा
महाविद्यालय के मैदान में घूमेगा
आकर बैठ जायेगा फिर
हमारे ढोल-मजीरे बन्द हो जायेंगे
जोर का जयकारा लगायेंगे हम
प्राचार्य जी की.....
की जै, की जै की ध्वनि से
वातावरण गुंजायमान हो जायेगा
अपनी-अपनी छातियों पर
पत्थर रख
हें-हें करते हुए
उसके हर सही-गलत पर
बैठकर हम वाह-वाह करेंगे उसके बाद

बुजुर्गों ने ऐसे ही नहीं कहा है
यह पेट?
यह पेट बड़ा पापी होता है!

25-4-2003

इन्तज़ार अपने न रहने का

मुझे इन्तज़ार है
अपने न रहने का

कविवर मेघवर्ण जी कहते हैं
आपको
लोग अभी नहीं समझ पा रहे हैं
आप नहीं रहेंगे
तब लोगों को पता चलेगा
आपका महत्त्व
पूजे जायेंगे आपके शब्द

आलोचक आततायी जी का कहना है
गुरुतर चीजें
अपने को समझने के लिए समय लेती हैं
आप नहीं रहेंगे
तब लोग पूरी तरह पहचान पायेंगे आपको

सोमारू का कहना है
आपका लिखा कलेजा हिला के रख देगा
देख लीजियेगा
आप नहीं रहेंगे
गुन गायेंगे लोग आपका

मैं प्रतीक्षारत हूँ
उस समय का

जब मैं नहीं रहूँगा
तब तक फिलहाल
आज को बिता रहा हूँ मैं
मन्दिर किनारे
कटोरा लिये बैठा हूँ
उधर से गुजरिएगा
या आइयेगा मन्दिर
कुछ सिक्के जरूर डाल दीजिएगा
कटोरे में मेरे

3-6-2003

अदालत में कबिरा

हुजूर!
मी लार्ड!
हमारे धर्म के बारे में
हमारे भगवान के बारे में
बहुत अण्ड-बण्ड कह रहे हैं मिस्टर कबीर
हमारी धार्मिक भावनाओं को ठेस पहुँचाने का
कोई अधिकार नहीं है इन्हें
इन्हें दण्डित किया जाय मी लार्ड!

हाँ मी लार्ड!
हमारे भी खुदा के बारे में
हमारे भी मज़हब के बारे में
मिस्टर कबीर
बहुत अनाप-शनाप बक रहे हैं
कह रहे हैं—
'क्या बहरा हुआ खुदाय'
हमारे खुदा को
वे बहरा बता रहे हैं हुजूर!
हमारे मज़हबी जज़्बात को
इन्होंने इतनी ठोकर मारी है
कि कलेजा हमारा चकनाचूर हो गया है मी लार्ड!
इनको ऐसी कड़ी सजा दी जाय
कि आइन्दा हमारे मज़हबी जज़्बात से
खिलवाड़ करने की
कोई जुर्रत न कर सके हुजूर!

कबीर के खिलाफ
अदालत में पेश है मुकदमा
हिन्दू और मुसलमान
दोनों पक्षों की तरफ से
खड़े हैं बड़े-बड़े नामवर वकील
वे वकील
जो पैसा मिलने पर
अपने तर्कों से
किसी निर्दोष को फाँसी पर चढ़वा सकते हैं
जो पैसा मिलने पर
अपने तर्कों से
सौ कत्ल करने वाले को भी
बाइज़्ज़त बरी करा सकते हैं
अदालत में चल रही है बहस
उधर मिस्टर कबीर
असहाय से अकेले खड़े हैं
लिये लुकाठी हाथ

धुआँधार बहसों के बाद
फैसला सुनाया जाता है
मिस्टर कबीर!
यह कोई राजतन्त्र नहीं है
यह कोई तानाशाही नहीं है
यह कोई क्रूर अत्याचारी का शासन नहीं है
कि आप
लोगों की धार्मिक भावनाओं को
ठेस पहुँचाने के बाद भी
बचे रहें सही-सलामत
यह लोकतन्त्र है
किसी की धार्मिक भावनाओं को ठेस पहुँचाने का
कोई अधिकार नहीं है आपको
अभी तो आपको

सिर्फ चेतावनी देकर छोड़ दिया जा रहा है
भविष्य में लेकिन
फिर आपने की ऐसी हरकत
तो डालकर जेल में
आपको सड़ा दिया जायेगा
ध्यान रखिए
यह लोकतन्त्र है
कोई मज़ाक नहीं है

21-8-2003

बड़ों की बड़ी बात

सोच-विचार हुआ
देश का आर्थिक विकास तेज किया जाय
एक बहुत बड़ी समिति बनी
देश का आर्थिक विकास
तेज करने के लिए
समिति ने एक प्रारूप तैयार किया
प्रारूप को लागू किया गया

फिर सोच-विचार हुआ
देश का आर्थिक विकास
नहीं हो पाया उतना तेज
फिर बनी एक बहुत बड़ी समिति
समिति ने सिर खपाया
पुराने प्रारूप को उठाया
प्रारूप में तथा—और को लड़ा दिया गया
तथा—और में
भयंकर युद्ध हुआ
बहुत मार-पीट हुई
तरह-तरह के अस्त्र-शस्त्र चले
जैसा कि होता है
युद्ध के पश्चात
तथा—और में समझौता हुआ
प्रारूप में जहाँ-जहाँ 'तथा' था
वहाँ-वहाँ 'और' कर दिया गया

जहाँ-जहाँ 'और' था
वहाँ-वहाँ 'तथा' कर दिया गया
और इस नये रूप में
प्रारूप को पेश किया गया
इस नये प्रारूप की बड़ी प्रशंसा हो रही है
अर्थशास्त्रियों का कहना है
यह नया प्रारूप
देश में आर्थिक क्रान्ति ला देगा

9-1-2004

क्रान्ति की कविता

कवि!
यह जो इतनी बड़ी क्रान्ति हो गयी
उसका सारा श्रेय
तुम अपनी कविता को दे रहे हो
अपनी उस कविता को
जो अपनी दुरूहता
और उलझाव के कारण
शायद ही किसी की समझ में आयी थी

बहुत सारे लोगों ने
इस क्रान्ति के लिए
अपना जीवन खपा दिया
बहुत सारे लोग
जनता को जाग्रत करने के प्रयास में लगे रहे
जनता जाग्रत हुई
क्रान्ति आ गयी
तुम सक्रिय हो उठे
जबकि क्रान्ति के पहले तक
अपने घर में निष्क्रिय बैठे
कविता लिखते रहे तुम

तुम्हारी कविता
तुम्हें छोड़ जिसे शायद ही किसी ने पढ़ा
और अगर पढ़ा

तो शायद ही कोई समझ पाया
उसी की
क्रान्ति के बाद पीठ ठोंक रहे हो तुम
क्रान्ति का सारा श्रेय दे रहे हो

मैं नहीं
तुम्हारी अन्तरात्मा तुमसे कह रही है
बेईमानी मत करो कवि!

5-3-2003

बाँध पर टहलते वे लोग

वे 'मैं हूँ' में बात नहीं करते
'मैं था' में बात करते हैं
वे आपस में बतियाते हैं
कि कैसे उनके जमाने की दुनिया
अब से ज्यादा खूबसूरत हुआ करती थी।
लोग तब
इतने बेईमान, धूर्त और लम्पट
नहीं हुआ करते थे
रामराज्य नहीं था
तो रावणराज्य भी नहीं था
इतनी अन्धेरगर्दी नहीं थी
कुछ तो न्याय मिलता था

तब लोग
वक्त के पाबन्द हुआ करते थे
समय से ऑफिस जाते थे
समय से घर आते थे
दस बजते ही
तब कैसे ऑफिस के गेट बन्द हो जाते थे

नौकरी से रिटायर हो चुके
वे सारे लोग
रोज सबेरे एक साथ
बाँध पर टहलने जाते हैं

और लगभग रोज
वे उन्हीं बातों पर चर्चा करते हैं
कि कैसे उनके जमाने की दुनिया
अब से ज्यादा खूबसूरत हुआ करती थी

जब वे थोड़ा थक जाते हैं
तब बाँध के किनारे बने
बेंचनुमा पत्थरों पर बैठ जाते हैं
तब वे सामूहिक रूप से
आज की नयी पीढ़ी के
संस्कार-विहीन हो जाने पर अफ़सोस करते हैं
आज की नयी पीढ़ी
अपने बुजुर्गों की
कितनी उपेक्षा करती है
बिल्कुल भी कद्र नहीं करती
वे बात करते हैं
कि जब 'वे थे'
अपने बुजुर्गों की सेवा में
कैसे एक पैर पर खड़े रहते थे

उसके बाद वे सारे के सारे रिटायर लोग
जो साथ-साथ टहलते हैं
जो सारे के सारे
अपने बूढ़े माँ-बाप को
गाँव में छोड़ शहर में बस गये थे
अपने-अपने घर चल देते हैं

7-3-2004

कांट तुम्हारा सिद्धान्त

मैं तुम्हारा सिद्धान्त
अपनी कक्षा में पढ़ाता हूँ कांट
मनुष्यता हमेशा साध्य होती है
साधन नहीं बनाना चाहिए उसे
किसी को सेवक बनाना
उसे अपना साधन बनाना है
किसी का सेवक बनना
अपने को उसका साधन बनाना है
इसलिए
न तो किसी के नौकर बनो
न किसी को नौकर बनाओ
मनुष्यता सदैव आदरणीय है
उसको हमेशा साध्य रूप में रहने दो

इधर मुझे
एक लड़के की तलाश है कांट
जो मेरे घर में झाड़ू-पोंछा लगा सके
मेरा दूध ला सके
मेरा आटा पिसा सके

मैं जानता हूँ
तुम्हें बुरा लगेगा कांट
लेकिन मैं यह भी जानता हूँ कांट
कि तुम्हारी नाराज़गी कैसे दूर होगी

बड़े-बड़े घूसखोर
घूस का कुछ हिस्सा
मन्दिर में दान कर आते हैं
और अपनी अन्तरात्मा का सारा बोझ
भगवान पर पटक कर
खुद निश्चिन्त हो जाते हैं
मैं भी तुम्हारी समाधि पर
माला-फूल चढ़ा आऊँगा कांट
क्या करूँ
नौकर की सख्त जरूरत है

मैं जानता हूँ
माला-फूल देखकर एक बार तुम खीझोगे
लेकिन थोड़ी देर में
तुम मुस्करा भी दोगे कांट
और कहोगे
कोई बात नहीं
गलती आदमी से ही होती है
अगर वह गलती न करे
तो भगवान न बन जाय!

20-7-2004

भोगा हुआ यथार्थ

एक दलित को क्या कष्ट है
मुझे मालूम है
लेकिन उसे महसूस नहीं किया है मैंने
इसलिए दलित के दर्द का
प्रामाणिक दस्तावेज
मैं नहीं तैयार कर सकता

मालूम है मुझे
औरतों पर बहुत अत्याचार होता है
लेकिन मेरा ध्यान
कम ही जाता है उस ओर
क्योंकि औरतों के कष्ट से
विशेष असुविधा नहीं होती मुझे

हाँ!
मुझे बहुत अच्छी तरह मालूम है
एक महाविद्यालय के अध्यापक का कष्ट
उसे मैंने खूब महसूस किया है
उसे जिया है
अपने अन्दर के अध्यापक के दर्द को
शब्दों द्वारा मूर्तिमान कर सकता हूँ मैं

एक दलित को ही
बयान करने दो दलित का दर्द

अपने भोगे हुए यथार्थ का
उसका वर्णन प्रामाणिक होगा
एक औरत को ही सुनाने दो
औरत की व्यथा
किस तरह जीते हुए
तिल-तिल कर वह मरी है
इसे वही बता सकती है
'आँखों में है दूध और आँचल में पानी' कहकर
हम तो हाथ झाड़ कर बगल हो जायेंगे
मुसलमान होने की पीड़ा
अब्दुल बिस्मिल्लाह ने ही झेली है
उस पीड़ा को उन्हें ही कहने दो
स्कूल में बच्चे
जब कटुवा-कटुवा कहकर गाली देते थे
तब अब्दुल बिस्मिल्लाह रोते थे, हम नहीं
एक हाथ से दलित की पीड़ा लिखकर
झूठी ताली मत पिटवाओ
क्योंकि मुझे मालूम है
कि अपने दूसरे हाथ से
उसकी छाती पर मूँग दल रहे हो तुम

21-7-2004

एक भव्य प्रासाद में आराम करते हुए

प्रासाद पूर्णतः वातानुकूलित था
विद्यमान थीं उसमें
दुनिया की सारी भौतिक सुख-सुविधाएँ
टाँगें फैलाकर
जिस बिस्तर पर पसरा हुआ था मैं
नसीब नहीं हुआ था इसके पहले
वैसा शानदार बिस्तर
बगल के कमरे में
ठहाके लगाते हुए चार-छह लोग
किसी षड्यन्त्र की भूमिका बना चुके थे
और अब वे लिख रहे थे
उस षड्यन्त्र की पटकथा

अभी थोड़ी ही देर पहले
मेरे पेट में गया था जो कुछ
उसमें से बहुत कुछ का स्वाद
जिह्वा को मिला था पहली बार
प्रासाद में स्थित
जिस शौचालय का प्रयोग किया था मैंने
शौचालय तो दूर
मध्यमवर्गीय लोगों के
शयनकक्ष तक नहीं होते वैसे शानदार

सोच रहा था मैं
जब मैं सो जाऊँगा

तब सपने वैसे ही दिखायी पड़ेंगे
जैसे आम घरों में
आम जगहों पर दिखायी देते हैं
या कुछ अलग तरह के होंगे वे

मैं एक कवि
लिखना चाह रहा था एक कविता
पर मन
घूम-फिर कर
पैसे कमाने की तिकड़में ही बुन पा रहा था
बहुत प्रयत्न करने पर भी
उस भव्य जगह में मन
कविता नहीं बुन पा रहा था

5-6-2005

विचारशील

छह महीने के बच्चे की राजनीति
यह होती है
कि वह जोर-जोर से रोने लगता है
वह लेटे रहना नहीं चाहता
झख मारकर कोई उसे गोद में उठाता है
और टहलाने लगता है

बड़ा होने पर
जब उसका उपद्रव बढ़ जाता है
और उस पर ज्यादा सख्ती होने लगती है
वह नयी राजनीति अपनाता है
भाग जाता है वह घर से एक बार
सारी सख्ती बन्द हो जाती है
भयवश घर के लोग सहते हैं
उसकी मनमानियाँ
वह घर से हमेशा के लिए जो भाग सकता है

और बड़ा होने पर
वह फिर नयी राजनीति अपनाता है
गुरुजी का पैर छूकर
या गुरुजी को तमंचा दिखाकर
वह नकल करता है
और आराम से पास होता चला जाता है
सारी परीक्षाओं में

गुरुजन भीरु होते हैं
वे डरते हैं
क्या पता यह पैर के बजाय सिर छूने लगे
सचमुच तमंचा चला दे

मनुष्य एक विचारशील प्राणी है
और अपनी विचारशीलता का
ज्यादा उपयोग
वह राजनीति करने में ही करता है
मरने के बाद तक की राजनीति वह करता है
मरने के बाद
नरक के बजाय स्वर्ग मिले
इसके लिए भी
वह बहुत सारी तिकड़में भिड़ाता है
पाप करता है
पाप के शमन के लिए अनुष्ठान करा देता है

ईश्वर ने पशुओं को विचारशील नहीं बनाया
ईश्वर सचमुच बहुत समझदार है
वह जानता था
पशुओं के हिस्से की भी सारी राजनीति
अकेले मनुष्य ही कर लेगा

5-6-2005

बुढ़िया की सुन्दरता

किसी लड़की को कोई सुन्दर कहता है
लड़की बुरा नहीं मानती
लेकिन किसी बुढ़िया को
यदि कह देता है कोई सुन्दर
बुढ़िया बड़ा बवाल मचाती है
घूम-घूम कर
हर परिचित औरत से करती है शिकायत
'अजी देखो!
मुआ फलाँ मुझे छेड़ रहा था'
वह कई दिन घूमती है
ज्यादा से ज्यादा लोगों से मिलने की कोशिश करती है
हर जगह वही राग
'अजी देखो!
मुआ फलाँ मुझे छेड़ रहा था'
वह किसी दुकान पर जाती है
वहाँ मिल जाती है कोई अपरिचित औरत
वह जबर्दस्ती बात करने लगती है
'नमक कितना महँगा होता जा रहा है
क्यों न हो?
लोग भी तो बिगड़ते जा रहे हैं
अजी देखो!
मुआ फलाँ मुझे छेड़ रहा था'

कुछ अपरिचित लड़कियाँ
बात कर रही हैं बेरोजगारी पर
वह उनमें भी घुस जाती है

'क्यों नहीं बढ़ेगी बेरोजगारी?
लोग भी तो बिगड़ते जा रहे हैं
अजी देखो!
मुआ फलाँ मुझे छेड़ रहा था'

किसी राजनीतिक पार्टी की
महिला मोर्चा की बैठक में भी
घुस जाती है वह जबरन
अपनी बात वह वहाँ भी रखती है
'महिलाओं के लिए राजनीति मुश्किल होती जा रही है
लोग भी तो बिगड़ते जा रहे हैं
अजी देखो!
मुआ फलाँ मुझे छेड़ रहा था'

वह सोचती है
औरतों को उससे ईर्ष्या होती होगी
अभी भी इन्हें छेड़ते हैं लोग
उधर औरतें हँसती हैं
इस बुढ़िया को शरम भी नहीं आती यह सब बकते

रात में जब वह सोती है
उसे रोज एक ही सपना दिखता है
कि वह सज-धज कर खड़ी है सड़क पर
इसलिए कि कोई उसे भगा ले जाय
पर उसे भगाने को कोई तैयार नहीं है
रिक्शेवाला भी तैयार नहीं है
सड़क के एक किनारे खाँसता पड़ा
कटोरा लिए भिखारी भी
उसे भगाने को तैयार नहीं है

दिन में वह परेशान रहती है
कोई उसे सुन्दर कहे
और वह अपने अभियान पर निकले
अजी देखो!
मुआ फलाँ मुझे छेड़ रहा था।

2-10-2005

पेशेवर गवाह

वे पेशेवर गवाह हैं
किसी भी नये लेखक में
अगर दिख जाती है उन्हें सम्भावना
कि आगे चलकर
यह मेरे काम का सिद्ध हो सकता है
वे फौरन खड़े हो जाते हैं
गवाही देने वाले कठघरे में
साहित्य को हाजिर-नाजिर मानकर
अपने कलम की कसम खाने लगते हैं
अपनी उस कलम की
जिसका वे बहुत कम इस्तेमाल करते हैं
बस यही!
यही बस!
नयी पीढ़ी का सबसे सम्भावनाशील साहित्यकार है!

ऐसी गवाही
वे हर चार-छह महीने पर देते रहते हैं
हर बार उनकी गवाही
किसी नये के लिए होती है
वे पेशेवर गवाह हैं
दे दाता के नाम तेरा भला हो बाबा!
उनका पैर दबा, तलुवा चाट
तेरे लिए भी वे गवाही देंगे

भाँति-भाँति के मंचों पर
भाँति-भाँति की मुद्राएँ बना
वे कूद-फाँद कर भाषण देते रहते हैं
जिनके लिए गवाही दी जाती है
वे ताली पीटते रहते हैं
और पेशेवर गवाह को
सर्वश्रेष्ठ आलोचक बताते रहते हैं
ये पेशेवर गवाह
चेहरे पर
भयानक गम्भीरता लाने का प्रयास करते हैं
अपने को प्रदर्शित करने का
प्रयास करते रहते हैं
कि वे बाहुबली हैं साहित्य के
बावजूद सारी कसरत के
वे हास्यास्पद और दयनीय ही रह जाते हैं

उस लड़के को देखो
कलम लिये सकुचाता खड़ा है जो
पेशेवर गवाहों ने गवाही दी है
कि वह 'निराला' और 'प्रेमचन्द' के समकक्ष है
लड़का बार-बार
मन ही मन इस बात को दुहरा रहा है
जिससे थोड़ी देर बाद
उसे भी यकीन हो जाय
कि वह 'निराला' और 'प्रेमचन्द' के समकक्ष है

1-12-2004

सच्चा दोस्त

यारों कितना कठिन है
एक अदद सच्चा दोस्त खोजना
इस दुनिया में

एक कुत्ता
सच्चा दोस्त हो सकता है आदमी का
पर सच्चे दोस्त के रूप में
एक अदद आदमी खोजना
बड़ा कठिन है

सच्चा दोस्त कितना ज़रूरी है जीवन में!
एक सच्चा दोस्त हो
तो आसान हो जाता है जीवन

एक सच्चे दोस्त से हम बहुत उम्मीद रखते हैं
मेरे घर में कोई बीमार पड़े
मेरा सच्चा दोस्त
घर से अस्पताल
दिन-रात एक किये रहे
मुझे पैसों की जरूरत पड़े
मेरा दोस्त पैसा लेकर हाजिर हो जाय
हर दुःख-मुसीबत में
हर बड़ी ज़रूरत में
सच्चा दोस्त
मुझे हमेशा तैयार खड़ा मिले

लेकिन इतनी ही ख्वाहिशें नहीं हैं
सच्चे दोस्त की कुछ और विशेषताएँ होती हैं
उसके घर में कोई बीमार पड़े
वह मुझे पता तक न चलने दे
जब सब कुछ ठीक-ठाक हो जाय
या सब कुछ बिगड़ जाय
तब वह मुझे बताये
तब मैं उसके पीठ पर हाथ रखूँगा
और बड़ी गम्भीर आवाज़ में कहूँगा
यार मुझे पहले क्यों नहीं बताया
आखिर दोस्त किस दिन के लिए होते हैं
उसे पैसों की जरूरत पड़ जाय
चाहे जहाँ से काम चलाये
मेरे पास माँगने न आये
अपने सारे दुःख-मुसीबत को अपने सीने में दफ़न किये रहे
मुझे भनक तक न लगने पाये

अपने माँ-बाप, भाई-बहन किसी का सगा नहीं होता आदमी
पर हमेशा तलाशता रहता है
एक अदद सच्चा दोस्त
उसे उम्मीद रहती है
कि एक दिन ईश्वर आयेगा उसके पास
और उसकी पीठ पर हाथ रखकर कहेगा
अरे यार घबराते क्यों हो
मैं हूँ न तुम्हारे साथ!

25-2-2006

सन्तुष्टि

एक पुरानी टूटी साइकिल पर
पैडल मारता
हाँफता हुआ चला आ रहा था
सफेद धन

दूसरी तरफ से
एक लम्बी और वातानुकूलित कार में
पिछली सीट पर शान से बैठा
चला आ रहा था काला धन
कार में लालबत्ती लगी हुई थी
कार का हूटर हाँव-हाँव बज रहा था

एक जगह
सफेद धन और काला धन आमने-सामने हुए
काला धन सफेद धन को देख
व्यंग्यपूर्ण ढंग से मुस्कराया
जवाब में सफेद धन भी
काले धन को देखकर
व्यंग्यपूर्ण ढंग से मुस्कराया
इसके बाद बढ़ लिये दोनों
अपनी-अपनी राह

काला धन मुस्कराया था
आज के हाल को देखकर
जबकि सफेद धन मुस्कराया था
मरनेवाले दिन को याद करके

30-4-2006

बॉस

बॉस एक महिला है
स्त्री-विमर्श की मारी है
फिर भी फैक्ट्री को सम्हालना उसकी लाचारी है

बॉस की नाक में
दम किये रहता है ईश्वर
कभी पति का ऑपरेशन होता है
पति अस्पताल में मरणासन्न पड़ा रहता है
कभी माँ अस्पताल में भरती रहती है
बाप घर में ही खाँस-खाँसकर
हाय-हाय चिल्लाता हुआ हलाकान रहता है
लेकिन जैसे ही फैक्ट्री में पहुँचती है बॉस
सब कुछ भूल-भाल
जुट जाती है वह
फैक्ट्री के लोगों की नाक में दम करने में

ईश्वर ने एक बार
नाक में उसके
कुछ ज्यादा ही दम कर दिया
वह खुद ही भर्ती हो गयी अस्पताल में
चार ही दिन में
वह चिल्लाने लगी डॉक्टरों पर
मुझे जल्दी ठीक करो
जाना है मुझे फैक्ट्री में

डॉक्टर सान्त्वना देते हैं
वह चिल्लाती है—
मुझे कई कर्मचारियों को अनुपस्थित करना है
कुछ को नौकरी से निकालना है
कुछ की तनख्वाह काटनी है
कुछ को एडवर्स इन्ट्री देनी है

ईश्वर उसकी नाक में दम करता है
वह फैक्ट्री के कर्मचारियों की
नाक में दम करती है
ऐसा करके
वह अपने अन्दर ईश्वरत्व का अनुभव करती है

फैक्ट्री में एक मदारीनुमा कर्मचारी भी है
न जाने किस वशीकरण मन्त्र से
उसने बॉस को साध रखा है
बॉस उसके इशारों पर नाचती है
मदारी अक्सर समझाता रहता है बॉस को—
मैडम!
फलाँ मन्त्री और फलाँ मन्त्री से बात कर ली है मैंने
वे जल्दी ही आपके लिए करेंगे कुछ
एक और फलाँ मन्त्री ने
खुद ही मुझे फोन किया था

बॉस गद्‌गद हो जाती है
मेरे मदारी ने
कैसे-कैसे भूत-प्रेत और जिन्न
कर रखे हैं वश में अपने
हकीकत यह है
कि मदारी के वश में कोई भूत-प्रेत नहीं है
किसी अन्त्री-मन्त्री से उसका परिचय नहीं है
बस वह बातों का मदारी है

फैक्ट्री का एक चपरासी
एक दिन लोगों को बता रहा था एक राज की बात
उसका दावा था
एक दिन उसने मदारी को
बॉस का चुम्बन लेते देखा था

बॉस बॉस है
वह कुछ भी कर सकती है
उसकी मर्जी
वैसे फैक्ट्री के लोगों में हमेशा रहती है एक कसक
बॉस मदारी की नाक में दम क्यों नहीं करती

16-10-2006

ताकि नाम अमर रहे

एकदम से वृद्ध और मरणासन्न लेखक
एक किताब लिख रहा है
उसे लग रहा है
कि उसके अमर रहने में
अभी थोड़ी सी कसर रह गयी है

किसी तरह एक पृष्ठ लिखता है
बेहाल होकर गिर जाता है
बिस्तर पर
थोड़ी देर में फिर उठता है
आधा गिलास पानी पीता है
दवा की एकाध टिकिया खाता है
फिर लिखने लगता है

घर के लोग
उसे लिखने से मना नहीं कर रहे हैं
वे देख रहे हैं उसे
बड़ी श्रद्धा से
वे सोच रहे हैं
ये अमर हो जायेंगे
तो इसी बहाने हमें भी लोग याद कर लिया करेंगे

कामी को औरतें प्यारी होती हैं
लोभी को पैसा प्यारा होता है

मरते दम तक
वे उसी के लिए परेशान रहते हैं

लेखक को नाम प्यारा होता है
नाम के लिए ही
पूरी ज़िन्दगी वह मुफ़लिसी में काट देता है
मरते दम तक
वह कलम घसीटता रहता है
नाम अमर रहने की तृष्णा भी
कितनी भयानक होती है

अरे भाई मरणासन्न लेखक
अपने शरीर पर कुछ तो दया करो
अरे घरवालो
उन्हें लिखने से मना करो
शरीर से नाम
कुछ ज्यादा दिन तक जिन्दा रह सकता है
अमर नहीं हो सकता नाम
हड़प्पा की सभ्यता के
सबसे महान् लेखक का नाम जानते हो?
याकि सबसे महान् व्यक्ति का नाम?

कम से कम मरते समय
कुछ दिन सुकून से जी लेते
मत चैन से रहो
घसीटो कलम
हमें क्या!

2-4-2007

प्रख्यात आलोचक

जब तक वे ज़िन्दा थे
कहा जाता था उनके बारे में
हर जगह लिखा जाता था उसके बारे में
कि वे हिन्दी के प्रख्यात आलोचक हैं
प्रख्यात आलोचक जी
साल भर पहले गुज़र गये

जब तक वे ज़िन्दा थे
साहित्य में बड़ी हनक थी उनकी
किसी कवि-लेखक पर नाराज़ होते
तो दहाड़ उठते थे—
भूखा मार दूँगा
दाने-दाने को तरसा दूँगा
हिन्दी साहित्य में कहीं पर भी
तुम्हारा नाम नहीं आने दूँगा
बेचारे कवि-लेखक पैरों पर गिर पड़ते उनके
त्राहिमाम्-त्राहिमाम् करने लगते

किसी पर खुश हो जाते थे
तो आशीर्वाद देते थे हाथ उठाकर
जाओ!
हिन्दी साहित्य में तुम्हें अमर कर दूँगा
भले ही वह लिखता-पढ़ता न हो
साहित्य में अमर होने का वरदान पा जाता था

मरने के बाद से आलोचक जी
बड़े निरीह और असहाय हो उठे हैं
कहाँ दूसरों को अमर करते फिरते थे
कहाँ हिन्दी साहित्य में
खुद उनका ही नामोनिशान नहीं बचा है
किसी साहित्य प्रेमी के सामने उनका नाम लो
वह तड़ से पूछ बैठता है—
ये कौन थे?

बेचारे प्रख्यात आलोचक जी!
कोई बात नहीं
जब तक वे जिन्दा थे
तब तक तो वे अमर थे ही

3-4-2007

पोस्टकार्ड वाला कवि

वह एक प्रतिष्ठित कवि है
पर वह कविताएँ कम लिखता है
पोस्टकार्ड ज्यादा लिखता है

पोस्टकार्ड लिखने में महारत हासिल है उसे
नियम से
वह रोज दस पोस्टकार्ड लिखता है
ऐसे-ऐसे पोस्टकार्ड लिखता है
कि क्या कहने!
पोस्टकार्ड लेखन की
उसने एक अद्वितीय कला ही विकसित कर ली है

साहित्य के धुरन्धरों को
साहित्य के मठाधीशों को
वह बराबर पोस्टकार्ड लिखता रहता है
कुछ पोस्टकार्ड मक्खन में भिगोये होते हैं
जो मक्खन नहीं पसन्द करते
उनके मक्खन न पसंद करने की तारीफ़ करता है
लिखता है—
आप जैसा महापुरुष
साहित्य की दुनिया में मिलना मुश्किल है
प्रशंसा-निन्दा से परे
आप जैसा कर्मयोगी
साहित्य का स्थितप्रज्ञ महापुरुष है

आप जैसों के कारण ही
अभी तक बचा हुआ है साहित्य
अन्यथा अब तक रसातल में चला गया होता यह

यह उसके पोस्टकार्डों का ही कमाल है
कि साहित्य का हर धुरन्धर
हर मठाधीश
उसकी प्रशंसा करते नहीं अघाता
और कविता के नाम पर
वह जो कुछ भी लिखता है
वह हाथों हाथ लिया जाता है

लगे रहो भाई लगे रहो
भविष्य में
भले ही तुम्हारी कविताएँ न याद की जायँ
तुम्हारे पोस्टकार्ड याद किये जायेंगे
तुम्हारे पोस्टकार्डों के संकलन
हाथोंहाथ बिकेंगे

5-4-2007

कॉलेज की सुन्दर लड़की

सुन्दर लड़कियाँ अब कॉलेज नहीं आतीं
कॉलेज का नाम सुनकर ही
उनका शरीर भय से सिहर जाता है
कॉलेज में
अब ऐसे शोहदों का प्रवेश
बहुत बड़ी संख्या में होने लगा है
जिनका सिद्धान्त है—
कॉलेज में होनी चाहिए प्यार की पढ़ाई

कॉलेज में अगर दिख गयी सुन्दर लड़की
शोहदे पीछे लग लेते हैं
गली में जैसे किसी मादा को देखकर
सारे आवारा कुत्ते इकट्ठे हो जाते हैं
और पीछे लग लेते हैं

लड़की डाँटती है फटकारती है
शोहदे बुरा नहीं मानते
लड़की चप्पल निकाल लेती है
शोहदे बुरा नहीं मानते
उन्होंने फिल्मों में देख रखा है
पटने के पहले
छोकरी बहुत नखरे दिखाती है

लड़की रोती-गिड़गिड़ाती है
शोहदों को बहुत मज़ा आता है

कॉलेज कौरवों की सभा बन जाता है
जहाँ द्रौपदी असहाय हो रोती रहती है
कौरव अट्टहास करते रहते हैं
भीष्म, द्रोण जैसे बड़े चुपचाप सिर झुकाये
बैठे रहते हैं
न प्राचार्य कुछ बोल रहे होते हैं
न अध्यापक
कॉलेज के शोहदों से
जब राइफलधारी पुलिस भिड़ने से घबराती है
तब प्राचार्य और अध्यापकों की क्या बिसात!

लड़की को समझाते हैं अध्यापक
बेटे! कल से कॉलेज मत आना

रोती हुई लड़की घर चली जाती है
और बन्द कर देती है
अगले दिन से कॉलेज आना
कायरों की टोली जैसा दिखता
प्राचार्य और अध्यापकों का झुण्ड
राहत की साँस लेता है
चलो बला टली!

16-9-2007

कवि की आग

व्यवस्था के खिलाफ
कवि के हृदय में
जब तक आग धधकती रहती है
कवि छटपटा-छटपटाकर
आग उगलता रहता है
इस उम्मीद में
कि शायद उसकी आग की आँच से
व्यवस्था को तपिश महसूस हो

व्यवस्था तपिश महसूस करे न करे
धीरे-धीरे लोग
सराहना करने लगते हैं
कवि की आग की

सराहना जब बहुत ज्यादा बढ़ जाती है
कवि के हृदय की आग
बुझ जाती है
कवि को वाह-वाह का चस्का लग जाता है
तब वह आग उगलने का अभिनय करता हुआ
आग के तमाशे दिखाने लगता है
सर्कस के खिलाड़ी की तरह
मुँह से नकली आग की लपटें निकालता
भाँति-भाँति की मुद्राएँ
भाँति-भाँति की भंगिमाएँ

वह प्रदर्शित करता है
जनता ताली पीटती है
वह और कूदने लगता है

अब कवि सिंहासन पर बैठने लगता है
अपनी पूजा कराने लगता है
आम आदमी से
केवल अपनी कविता में ही वास्ता रखता है
व्यवस्था की तरह
आम आदमी
यथार्थ के धरातल पर
अब उसको भी गन्धाने लगता है

जिन चीजों के खिलाफ़
पहले उसके हृदय में आग धधकती थी
उन्हीं सारी चीजों का
अब वह भी अनुयायी बन बैठता है

कभी-कभार
उसकी अन्तरात्मा
उसके कान में धीरे से फुसफुसाती है
कवि!
तुम्हें यह क्या हो गया?
कहाँ गयी तुम्हारी क्रान्ति?

कवि की वही हालत होती है—
कानी थी-खोंची गयी, छिनाल थी-टोकी गयी
वह चिल्लाता है
भाड़ में गयी क्रान्ति-वान्ति
संसार को सुधारने का
मैंने ही ठेका ले रखा है क्या?

21-10-2007

राजा की जै, महाराजा की जै

अब आदमी मुकुट नहीं लगाते
अब कारें मुकुट लगाती हैं

लाल या नीला मुकुट लगाये
जब कोई कार
झन्न से हमारे बगल से गुज़रती है
हम तुरन्त समझ जाते हैं
कोई राजा हमारे बगल से गया अभी-अभी
हम श्रद्धा से उस कार को देखते हैं

पहले के समय में
किसी राजा के लाव-लश्कर से पता चलता था
कि वह कितना बड़ा राजा, महाराजा या अधिराज है

साथ में इतने सारे मुकुटधारी?
जय हो! जय हो!
हमारे महाराज तो सम्राट हैं
महाराजाधिराज सम्राट फलाँ की.....
की.....ज्जै की.....ज्जै
प्रजा श्रद्धा से उद्घोष करती थी

अब लाल मुकुटधारी किसी विशेष कार के
साथ-साथ
और कितनी लाल-नीली मुकुटधारी कारें चल रही हैं

इससे राजा की औकात पता चलती है
वह राजा है, महाराजा है या सम्राट है
पहले जब राजा अपने राज्य में
अपने लाव-लश्कर के साथ निकलता था
साथ में बाजे बजते रहते थे
अब लाल-नीली मुकुटधारी कारों के
हूटर हाँव-हाँव बजते हुए चलते हैं
आधुनिक राजाओं-महाराजाओं के लाव-लश्कर
ऐसे ही निकलते हैं
महाराजाओं का लाव-लश्कर निकले
तो सिर झुकाना सीखिए
लोकतन्त्र ससुरा कहने भर को है
उसके चक्कर में न पड़िए
नहीं तो एड़ियाँ रगड़-रगड़ कर मर जाएँगे आप

सिर झुकाना न आता हो
तो ट्रैफिक चौराहे के सिपाही से पूछिए
वह आपको
सिर झुकाने का प्रशिक्षण दे देगा

5-11-2008

पत्नी और पति

पत्नी परेशान है
पति की पदोन्नति को लेकर
इनका प्रमोशन क्यों नहीं हो पा रहा है
इनका बॉस बड़ा दुष्ट है
सारी समस्या की जड़ वही है
उसी ने इनका प्रमोशन रुकवा रखा है

वह परेशान है
बच्चों की पढ़ाई को लेकर
स्कूलवाले फीस तो बहुत लेते हैं
परन्तु स्कूल के अध्यापक
पढ़ाने से जी चुराते हैं
बच्चों को घर पर इतना देखो न
तो उनकी पढ़ाई का सत्यानाश हो जाय

आज बीस तारीख हो जाने से भी
परेशान है पत्नी
बीस तारीख ही हुई
और खर्च हो गया इतना सारा पैसा
बाकी दस-ग्यारह दिन कैसे कटेंगे
कैसे चलेगा खर्च?

पति के पास कपड़े कम हो रहे हैं
नये खरीदने पड़ेंगे

वही छह-सात कपड़ों का सेट
उन्हें ही पहनकर हर जगह जाते हैं
ऑफिस हो या पार्टी
इनको कोई अन्तर नहीं पड़ता
अरे पार्टी में जाने के लिए
चार-छह ढंग के कपड़े होने चाहिए
इस महीने तो नहीं हो पायेगा
अगले महीने जरूर खरीदना है

उधर पति अपने दफ्तर में है
एक कमरे में दोस्तों की महफिल जमी है
चाय-समोसे का दौर चल रहा है
अश्लील चुटकुले हो रहे हैं
तमाम औरतों के बारे में
मर्द-महफिलों वाली बातें हो रही हैं
बड़ा मज़ा आ रहा है

24-6-2008

औरतें

हाहाकार करती औरतें
चीत्कार करती औरतें
नारी स्वतन्त्रता का
आलाप भरती औरतें
कुछ अधनंगी पड़ी हैं
कुछ सिगरेट मुँह में दबाये
सुट्टे पर सुट्टा खींच रही हैं
कुछ दबाये बगल में बोतल
औंधी पड़ी हैं
कुछ स्वयं मर रही हैं
कुछ मारी जा रही हैं
कुछ अपने पेट में पड़ी औरत को
मारने की साजिश बुन रही हैं
औरतों को
उकसाया जा रहा है
एक गहरी अँधेरी खाई में
कूद पड़ने के लिए
औरतें एक-एक करके
उस गहरी अँधेरी खाई में
कूद पड़ रही हैं
गहरी अँधेरी खाई से
निकलती है एक औरत
उसके शरीर पर
एक अदद चड्डी है

और वक्ष पर
थोड़ा सा चोलीनुमा कुछ है
उस औरत के हाथ में
एक सेफ्टीरेजर है
दुनिया को बता रही है वह औरत
जो भी मर्द इस सेफ्टीरेजर से
दाढ़ी बनायेगा
वह अमर हो जायेगा
उसकी बेवकूफी पर
एक मर्द मुस्कराता है
सेफ्टीरेजर ले लेता है उसके हाथ से
इसी तरह
उस गहरी अँधेरी खाई से
एक-एक करके
निकल रही हैं औरतें
और अपने हाथों में झण्डा उठाये
गिरती-पड़ती
वे सबकी सब
इक्कीसवीं शताब्दी में
बढ़ती चली जा रही हैं
चली जा रही हैं

22-6-2000

देह-गन्ध

देह-गन्ध की परिभाषा मत दो
मत दो परिभाषा
मैं जानता हूँ
तुम्हारी परिभाषा एक साजिश होती है
लम्बाई, चौड़ाई और ऊँचाई के
एक निश्चित खाँचे में
ठूँस दोगे तुम देह-गन्ध को
और यह सिद्ध करने पर
तुम उतारू हो जाओगे
कि वह देह-गन्ध देह-गन्ध नहीं है
जो तुम्हारी परिभाषा के
खाँचे के बाहर है
अपने कुतर्कों से
तुम उसे
पसीने की बदबू तक सिद्ध कर सकते हो
परन्तु
पद्मगन्धा सुन्दरी की मादकता
महसूस कर चुका हर शख्स
अच्छी तरह जानता है
कि तुम्हारे तर्कों की धार भोथरी है
तुम्हारी परिभाषा के बाहर
जो देह-गन्ध है
वह भी देह-गन्ध है
फिर सावन और वसन्त जैसी

कुछ ऐसी चीजें भी हैं
जिनसे जुड़ने पर
देह-गन्ध तुम्हारी परिभाषा के
चीथड़े उड़ा देती है
इसीलिए मैं कहता हूँ
तुम साजिश मत बुनो
देह-गन्ध के माधुर्य से छेड़छाड़ मत करो
और अपनी परिभाषा को
अपने पास रखो

23-6-2000

महापुरुष

मैं सिर्फ़ एक अदद इंसान हूँ
यह बात
मैं पूरी सख्ती के साथ कह रहा हूँ
पर मैं जानता हूँ
इंसान बने रहने की
अपनी जद्दोजहद में
मैं सफल नहीं हो पाऊँगा

एक दिन चारों तरफ़ से
जीभें लपलपाते हुए
बहुत सारे साँप
मेरी तरफ बढ़ेंगे
और अपनी कुंडलियों में
मुझे पूरी तरह जकड़ लेंगे

वे एक ऊँचे आसन पर
बैठाकर
'महापुरुष' घोषित कर देंगे मुझे
और चमकती आँखों से
एक दूसरे की तरफ़ देखेंगे
अगर उस ऊँचे आसन से
उतरने की कोशिश की मैंने
तो जोर से फुफकार कर
वे मेरी तरफ़ बढ़ेंगे

और मुझे बाध्य करेंगे
कि चुपचाप मैं बैठा रहूँ ऊँचे आसन पर

सच बोलने में
साँप अपने को असहज महसूस करते हैं
शान्तिपूर्वक और मिलजुल कर रहने में
उन्हें असुविधा होती है
दूसरों की सहायता करना
उनके शब्दकोश में ही नहीं है
इंसानियत का हर लक्षण
उनके लिए वाहियात चीज है

इसीलिए
किसी पर भी शुबहा अगर उन्हें हो जाता है
कि वह इंसान बनने की
कोशिश कर रहा है
उसे या तो वे डस लेते हैं
या यूँ ही ऊँचे आसन पर बैठाकर
उसे 'महापुरुष' घोषित कर देते हैं

सारे साँप साल में एक दिन
हर महापुरुष का जलसा कर देते हैं
और कहते हैं—
हम इस महापुरुष के आदर्शों पर
चलने की कोशिश करेंगे

'कोशिश' से उनका मतलब होता है
हमारे लिए
उस तरह बन पाना सम्भव नहीं है
इसलिए
हम अपनी भुजंगता नहीं छोड़ेंगे

23-6-2000

नदी का दर्द

सौदागरों ने
नदी को पूरी तरह प्रदूषित कर डाला
अब नदी का
एक चम्मच जल भी पीने लायक नहीं रहा
नदी को
गन्दे नाले में तब्दील कर
सौदागर अट्टहास कर रहे हैं
उन्हें मालूम है
नदी मानवाधिकारों के लिए
कहीं जाकर चीख चिल्ला नहीं सकती

अब जब भी
तुम नदी के पास जाओगे
और अपनी अँजुरी में
उसका जल पीने के लिए भरोगे
नदी आर्तनाद करेगी—
नहीं मेरे बेटे नहीं
मेरा जल मत पिओ!
नदी को पता है
तुम्हारी अँजुरी में
अनेक रोगों के
असंख्य जीवाणु हैं

नदी के आर्तनाद पर
सौदागर फिर अट्टहास करेंगे

तुम्हें बतायेंगे वे
नदी का जल केवल अपने देवता को पिलाओ
खुद मत पिओ
फिर अपनी जेब से
वे एक बोतल निकाल कर हिलायेंगे—
लो इसे पिओ
मिनिरल वाटर है यह
सारे रोगाणुओं, जीवाणुओं, विषाणुओं से रहित
तुम्हारे स्वास्थ्य के लिए यह बहुत लाभदायक है

अब तुम्हें जब भी प्यास लगेगी
सौदागर तुम्हारी गाँठ से दस से बीस रुपये ढीली करा लेंगे
और एक बोतल पकड़ा देंगे

सौदागरों की इस करतूत पर
नदी उन्हें टोकेगी—
मेरे बेटे! यह क्या कर रहे हो?
सौदागर झिड़क देंगे उसे—
ओ चुप रह!
गाँव में पड़ी
अपनी अनपढ़ और बूढ़ी माँ को
हम पहले ही
पहचानने से इन्कार कर चुके हैं
गन्दे नाले जैसी तू
ज्यादा बड़-बड़ मत कर!

24-6-2000

बाद मरने के मेरे

शहर के कुछ चौराहे खाली रखो
मैं देख रहा हूँ
शहर का एक भी चौराहा
नहीं बच रहा है
एक-एक करके
सारे चौराहों पर
तुम आदमकद प्रतिमाएँ खड़ी करते जा रहे हो
और बताते जा रहे हो
ये देश के महापुरुष थे
ये प्रदेश के महापुरुष थे
ये शहर के महापुरुष थे
ये अमुक धर्म के महापुरुष थे
ये अमुक जाति के महापुरुष थे

अरे निगाहें तो उठाओ
देखो चारों तरफ
बहुत सारे लोग टहल रहे हैं
इस उम्मीद में
कि वे भी एक दिन महापुरुष कहलायेंगे
और इन्हीं में से किसी एक चौराहे पर
पत्थर के रूप में खड़े होकर
अमर हो जायेंगे

वे चौराहों पर
खड़ी की जाती हुई प्रतिमाओं को देख
अधीर और व्यग्र हो रहे हैं

सोच रहे हैं मन ही मन
अगर सारे चौराहों पर
किसी न किसी का कब्जा हो गया
तो हम कहाँ खड़े किये जायेंगे

देश की जनसंख्या बढ़ रही है
नयी सड़कें शायद ही बनें भविष्य में
जब सड़कें नहीं बनेंगी
तो नये चौराहे कहाँ उग पायेंगे
अधीर और व्यग्र हो रहे
इन भावी महपुरुषों का
क्या होगा तब?

इन समस्याओं को देख
अपने लिए तो
मैंने खोज लिया है समाधान
चौराहा न सही
सड़क का कोई कोना सही
अपने घर के सामने
अपनी थोड़ी सी जमीन
सड़क पर मैंने छोड़ दी है
बच्चों को मैंने सहेज दिया है
बाद मरने के मेरे
एक प्रतिमा मेरी
खड़ी कर देना यहीं
लिख देना
हमारे मुहल्ले के
बहुत उच्च कोटि के महापुरुष थे
कोशिश करना
प्रतिमा का अनावरण प्रधानमन्त्री ही करें
खर्चे की चिन्ता मत करना
सारे खर्चे का इन्तज़ाम
मरने के पहले मैं कर जाऊँगा

11-8-2000

सबसे बड़ा सेवक

जनता के सबसे बड़े सेवक!
हुजूर
जनता अपका
आटोग्राफ चाहती है
आपको छूकर देखना चाहती है
आपकी एक झलक पाने के लिए
लालायित है जनता

मैकू ने किसी जनसभा में
भाषण सुना था आपका
आपको देखा भी था
तब से वह हमेशा छाती ठोंकता रहता है—
टी0वी0 में नहीं
एकदम अपने सामने देखा है मैंने
तुमने देखा है?

हुजूर!
अपना लोकतन्त्र भी बड़ी मस्त चीज है
सेवकों को
अब न कोई सता सकता है
न मार-पीट सकता है
न बेगार करा सकता है

जो जितना बड़ा सेवक है
वह उतना ही ज्यादा दलित

और सताया हुआ नहीं है
वह उतना ही ज्यादा महान् है
फिर जनता का सबसे बड़ा सेवक?
क्या कहने!
उसके माथे की लकीरें
भगवान सोने की कलम से बनाता है
बदकिस्मती तो ससुर
जनता बन कर पैदा होना है
और जिन्दगी भर जनता बने रहना है,
हुजूर!
जनता के सबसे बड़े सेवक!
सेवा की ऐसी की तैसी
बड़ी तमन्ना है
मेरे साथ एक फोटो खिंचवा लीजिए
खूब बड़ी करवाकर
घर में टाँग दूँगा
फिर मैकू की तरह मैं भी हड़काऊँगा लोगों को—
जानते हो, मेरी बड़ी जान-पहचान है इनसे
मुझसे बात करने में
बड़े-बड़े पैंट गीली कर देंगे

4-10-2000

आज का लड़का

आज का लड़का
कितनी सारी चीजें जानता है
कम्प्यूटर, इंटरनेट
ई-मेल, वेबसाइट
और भी न जाने क्या-क्या चीजें
पर लड़का नहीं जानता
लड़कपन क्या होता है
तालाब में से
सिर उठाकर झाँकते
मेढक पर उसने निशाना नहीं लगाया है
पेड़ की डालों को लचकाकर
उस पर चढ़ने की कोशिश नहीं की है
फूल पर बैठी तितली को
चुपके से पकड़कर
फिर उसे उड़ाया नहीं है
कुल्हाड़ी या खुरपी लेकर
उसने कभी नहीं बनाया है
गुल्ली-डंडा

अपनी महत्त्वाकांक्षा
या परिवार के लोगों की महत्त्वाकांक्षा का
बोझ सिर पर उठाये
बूढ़ों की तरह
एक-एक पग रखता हुआ

लड़का बढ़ा चला जा रहा है
उसे अपने लड़कपन की चिन्ता नहीं
उसे चिन्ता है
आगे चलकर अन्धाधुन्ध पैसे कमाने की
और पैसों से
अपना घर पाट देने की

लड़का चाहे जितना भी जानता हो
उससे हमें ईर्ष्या नहीं है
हम भले उसके जितना न जान पाये
हमने अच्छी तरह जाना है
लड़कपन क्या होता है
हमने उसे जिया है
खूब जी भरकर

20-10-2000

अक्ल-तराश

मैं जो सोच रहा था
वे विचार नहीं थे
मैं जो बोल रहा था
वह बात नहीं थी
मैं जो लिख रहा था
वे वाक्य नहीं थे
कम से कम उन लोगों का ऐसा ही मानना था
उन लोगों ने
मुझसे सीधे खड़े होने को कहा
उसके बाद मेरे दिमाग की
वे मरम्मत करने लगे
छैनी-हथौड़ी लेकर
दिमाग में से कुछ छाँट दिया
कुछ ठोंका-पीटा
फिर जेब से एक पेंच निकाल
मेरे दिमाग में
उसे पेंचकस से फिट कर दिया
उनमें से एक ने कहा—
हाँ, अब बोलो कविता पर
मैं बोलने लगा
उसने मायूसी से मुँह बिचकाया—
ऊँ हुँ ऽ अभी सही नहीं है
मेरे दिमाग का
उसने बारीकी से मुआयना किया—

ओह! दाहिनी तरफ़ एक टुकड़ा फँसा है
जिसके कारण चिन्तन दूषित हो रहा है
उसने छैनी लेकर
वह टुकड़ा निकाल दिया
मुझसे फिर बुलवाया
अभी भी वह सन्तुष्ट नहीं था
उसने जेब से एक पेंच और निकाला
उसे मेरे दिमाग के
बायीं तरफ फिट कर दिया
मुझसे फिर बुलवाया
अबकी बार उन सबों ने मिलकर
ताली पीटी
अब इसका चिन्तन
एकदम सटीक हो गया है

वे सब मुझे लेकर
एक विचार-गोष्ठी में गये
वहाँ मुझे बोलने को खड़ा कर दिया
मैं बोलने लगा
तालियाँ बजने लगीं
वे एक-दूसरे की पीठ ठोंकने लगे—
इसे हम रिपेयर करके लाये हैं
मज़ाक है क्या!

23-12-2 000

आदमी की फितरत

गले में माला लटकाये
माथे पर तिलक लगाये
सड़क के किनारे बोरा बिछाये
बोरे पर बहुत से लिफाफे फैलाये
बैठा है आदमी
आदमी के पास एक पिंजरा है
पिंजरे में एक चिड़िया कैद है
आदमी का दावा है
कि चिड़िया सिद्ध महात्माओं से भी ज्ञानी है
पाँच रुपये देने पर
चिड़िया किसी का भी
पूरा भाग्य बता सकती है
चिड़िया अपने लिए नहीं लेती पाँच रुपये
आदमी के लिए लेती है पाँच रुपये

आदमी नम्बर दो आता है
पहले आदमी को पाँच रुपये देता है
आदमी पिंजरा खोलता है
चिड़िया पिंजरे के बाहर आती है
एक लिफाफा उठा लेती है अपनी चोंच में

चिड़िया का काम समाप्त
वह फिर पिंजरे के अन्दर हो जाती है
आदमी नम्बर दो लिफाफे से कागज़ निकालता है

अपनी किस्मत बाँचने लगता है
अपनी पूरी जिन्दगी का भला-बुरा पढ़ जाता है
पहले आदमी को लिफाफा वापस कर
आदमी नम्बर दो चल देता है वहाँ से

आदमी नम्बर दो जानता है
कि चिड़िया कितनी ज्ञानी है
और उसके साथ बैठा आदमी कितना ध्यानी है
चिड़िया और आदमी
दोनों को यही नहीं पता है
कि उनकी किस्मत में आज क्या लिखा है

फिर भी आदमी नम्बर दो ने
खर्च कर दिये पाँच रुपये
ईश्वर ने
आदमी नाम के जीव को कितना फितरती बनाया है
वह दूसरो को तो धोखा देता ही है
अपने को भी धोखा देने से बाज नहीं आता

08-07-2008

सूची

एक नकटे ने
अपने ऊपर यह जिम्मेदारी ओढ़ रखी है
कि वह बतायेगा
इस शहर में कौन-कौन नाकवाले हैं

हर चार-छह महीने पर
नकटा
सूची प्रकाशित करता रहता है
शहर के नाकवालों की

नकटे की सूची देखते-देखते
शहर अभ्यस्त हो चुका है
अब शहर भी मानने लगा है
कि शहर में वे ही नाकवाले हैं
नकटे की सूची में जिनका नाम है

नकटे की हर सूची में
पहला नाम उसके बाप का होता है
उसका मानना है
उसके बाप से बड़ा नाकवाला
शहर में अभी तक हुआ ही नहीं
सूची में दूसरा नाम
उसके उस भाई का रहता है
जो नहीं रहा अब

नकटे का दावा है
अगर उसका भाई अभी जिन्दा होता
तो उसकी नाक इतनी लम्बी हो चुकी होती
कि उसकी नाक की वजह से
अक्सर ट्रैफिक जाम लग जाया करता

नकटे की सूची में
तीसरा नाम उसके छोटे भाई का होता है
और चौथा नाम बेटे का
उसका मानना है
जब वह हर चार-छह महीने पर
नाकवालों की सूची जारी करता है
तो शहर को अपने आप उसे नाकवाला मानना चाहिए

नकटा जिधर चलता है
उधर का दृश्य बड़ा मजेदार होता है
जितनी मक्खियाँ उसके नाक पर भिनभिनाती रहती हैं
उतने आदमी भी
भिनभिनाते रहते हैं उसके पीछे-पीछे
इसलिए
कि उसकी अगली सूची में
उनका भी नाम आ जाय।

24-12-2008

बाजरे की रोटी

जब मैं बाजरे की रोटी खा रहा होता हूँ
किसी की तरफ नहीं देखता
किसी से बात नहीं करता
किसी भी चीज़ के बारे में नहीं सोचता

मुझे किसी सिद्ध महात्मा की तलाश है
मै उससे जानना चाहता हूँ
जब वह ध्यानस्थ होता है
और परमतत्व का साक्षात्कार कर रहा होता है
तब क्या उसे उतना ही आनन्द आता है
जितना मुझे बाजरे की रोटी खाने में आता है?

दुनिया का सबसे धनी आदमी
अमेरिका का बिल गेट्स
चाहे जितना पैसा रखे हुए हो
उसने नहीं खायी होगी बाजरे की रोटी
इस मामले में तो
वह मुझसे कंगाल ही है

बाजरे की रोटी बाजरे की रोटी होती है
न कुछ उसके आगे होता है
न कुछ उसके पीछे
उसको खाते हुए
चित्त को उसी में समाधिस्थ कर दो

तब जानोगे उसका स्वाद
हाल फिलहाल
तो बस इतना जानता हूँ
कि इस मामले में यदि मैं किसी से अमीर नहीं हूँ
तो किसी से ग़रीब भी नहीं हूँ

31-12-2008

वह इमारत

वह इमारत
पेट्रोल उगलती है
जब भी कोई जोर से चिल्लाता है–
किसी को पता है मेरी गाड़ी कितनी दौड़ रही है?
कितना पेट्रोल खर्च हो रहा है मेरा?
वह इमारत
तुरन्त पेट्रोल उगलने लगती है
और चिल्लाने वाले के कार की टंकी
पेट्रोल से भर जाती है

कार की टंकी पेट्रोल से भर जाने के बाद
चिल्लाने वाला शान्त हो जाता है
फिर उसको यह जानने में
कोई दिलचस्पी नहीं रह जाती
कि इमारत में से पेट्रोल
कहाँ से आ रहा है

उस इमारत में
पढ़ते हैं लड़के-लाड़कियाँ
उनके लिए वह इमारत सिर्फ इमारत नहीं है
उनके लिए वह एक मन्दिर है

कई बार जब इमारत पेट्रोल उगल रही थी
मैंने ध्यान से पेट्रोल का रंग देखा है

वह पेट्रोल हमेशा लाल रंग का होता है
उस इमारत में पढ़ने वाले लड़के-लड़कियों का खून
उस पेट्रोल में मिला होता है

आपको विश्वास नहीं आता न?
अगली बार जब भी
इमारत पेट्रोल उगलती दिखे
आप ध्यान से उसके रंग को देखिएगा
आपको मेरी बात पर विश्वास आ जाएगा

15-02-2009

पैर का जूता

तिलंगों का कालर तो टाइट था
लेकिन उनके पैर में जूता नहीं था
वे कह नहीं पा रहे थे
पर मंशा उनकी यही थी
कि मैं उनका जूता बन जाऊँ
मैंने सोचा
अगर मेरे जूता बन जाने से
किसी का कालर टाइट रहता है
तो मैं बन जाता हूँ
मैं बन गया तिलंगों का जूता

अब वे अपना कालर टाइट करके
घूमने लगे चारों तरफ
और एक-दूसरे के टाइट कालर की
तारीफ करने लगे

वे सोच रहे थे
अब जो भी मिलेगा हमसे
हमारे टाइट कालर की तारीफ करेगा
लेकिन हुआ उलटा
उनसे जो भी मिलता
कहने लगता
आप लोगों का जूता तो बड़ा शानदार है
तारीफ़ के काबिल है आपका जूता

कुछ दिनों तक उन्होंने बर्दाश्त किया
फिर उनके सब्र का बाँध टूट गया
वे एक-दूसरे से कहने लगे
कितने टाइट हैं हमारे कालर
कोई हमारा कालर नहीं देखता
सब जूते को ही देखते हैं
इससे तो अच्छा है
हम जूते को उतार फेंकें
भले ही लोग कहेंगे
इनके पैर में जूता नहीं है
लेकिन यह तो कहेंगे
कि इनका कालर टाइट है
उन्होंने गुस्से में जूता उतार फेंका
और मैं भी
जूता बने रहने की नियति से मुक्त हो गया

12-03-2009

हँसता हुआ आदमी

जो लोग अन्दर ही अन्दर
बहुत रोते रहते हैं
वे ऊपर से
हमेशा हँसते क्यों रहते हैं?

हम किसी के बारे में जानते हैं
वह बहुत खुशदिल आदमी है
बहुत हँसी-मजाक करता है
हमेशा हँसता रहता है
फिर एक दिन अचानक
उसके बारे में सुनने को मिलता है
उसने आत्महत्या कर ली

दरअसल उसका हँसना
उसकी बेबसी होती है
जब वह अपने दुःखों से
असहनीय जद्दोजहद कर रहा होता है
वह सब को दिखा-दिखाकर
खूब हँसता है

वह किसी से अपने दुःख का
साझा नहीं करना चाहता
वह अत्यन्त भयभीत रहता है
किसी को भनक नहीं लगने देना चाहता

अपने दुःखों की
वह जानता है
जहाँ लोगों को पता चला उसके दुःख का
फिर सब भाग खड़े होंगे उसके पास से
उसे बात करने के लिए
एक आदमी भी नहीं मिलेगा
ऐसे में वह अपना संघर्ष
जारी नहीं रख पायेगा
और जिन्दगी से
बहुत जल्द हार जाएगा।

ऐसे में वह खूब हँसता रहता है
बहुत सारे लोग
उसके आसपास इकट्ठा रहते हैं
और इस आशा में
वह जिन्दगी को खींचता रहता है
कि शायद वह इस संघर्ष में
वह जीत जाय

22-08-2009

नदी के भाग्यविधाता

पहले सारा प्राणिजगत
नदियों की दया का मोहताज़ था
अब नदियाँ
नालों की दया की मोहताज़ हैं

पहले जहाँ भी
कलकल करती स्वच्छ धवल
सदानीरा नदी बहती थी
उसी के इर्द-गिर्द
सारा जीव-जगत सिमट जाता था

अब लोग नदी की परवाह नहीं करते
नदी अब टकटकी लगाये
आशाभरी निगाहों से
नालों की ओर ताकती रहती है
नदी जानती है
अभी लोग कह रहे हैं–
'देखो नदी बह रही है'
जिस दिन नाले हाथ खींच लेंगे
लोग कहने लगेंगे–
'कभी यहाँ एक नदी बहा करती थी'

कुछ दिनों बाद
इतिहासकारों के कई गुट बन जाएँगे

एक गुट कहेगा–
'नदी यहाँ बहती थी'
दूसरा गुट कहेगा–
'नदी वहाँ बहती थी'
तीसरा गुट कहेगा–
'नदी इन दोनों जगह नहीं
बल्कि एक तीसरी जगह बहती थी'
फिर कुछ वैज्ञानिक भी कूद पड़ेंगे
वे कहेंगे–
'यहाँ नदी बहने की बात कहना
कोरी गप्प है'

इसीलिए नदी
नालों से दया की भीख माँगती रहती है
'नालो हमें जीवित रखना
नहीं हमारा क्या हश्र होगा
तुम अच्छी तरह जानते हो।'

22-08-2009

न होने पर होने का अर्थ

जब तक वह जिन्दा रहा
उसके होने का अर्थ
हम नहीं जान पाये

अच्छा आदमी होने की
ढेर सारी कसौटियाँ थीं हमारे पास
हर कसौटी पर
कसते रहे उसे
वह भी हमेशा कोशिश करता रहा
उन कसौटियों पर खरा उतरने की
अपनी तरफ से
वह कभी असफल नहीं हुआ
फिर भी हमेशा
हम उसे शक की दृष्टि से देखते रहे
पता नहीं यह अच्छा आदमी है या नहीं?

अब वह नहीं रहा
उसके न रहने पर
हम जान पाये उसके होने का अर्थ
अब हम पश्चात्ताप करते हैं
अपने को धिक्कारते हैं
क्यों हमने उसे कभी शान्ति से नहीं रहने दिया
एक इनसान की तरह
लोगों से

अब हम उसकी महानता की चर्चा करते हैं
अखबारों में
हम उस पर लेख लिखते है
पर अफसोस।
किसी भी तरीके से
अब वह लौटकर नहीं आ सकता

मरने के बाद
अब वह हमें एहसास करा रहा है
उसके जैसे लोग बड़ी मुश्किल से मिलते हैं
इस दुनिया में
जीते जी इस बात का
वह हमें क्यों नहीं एहसास करा पाया।

25-12-2008

कुपुत्रो जायेत्...

माँ मर गयी
बेटा अभी-अभी आया है बाहर से
लेकर अपना परिवार

एक नजर वह माँ की लाश पर डालता है
चैन की साँस लेता है
चलो जान छूटी
वह रोने का अभिनय करने की कोशिश करता है
सफल नहीं हो पाता
वही ठस्स निर्विकार चेहरा।

यह वही बेटा है
जिसको पाने के लिए
उस माँ ने न जाने कितने देवी-देवताओं को पूजा था
न जाने कितनी मन्नतें मानी थीं
उसके होने पर
गाँव में सवा मन सोंठ का लड्डू बँटवाया था

लाश के पास खड़ी बहू ने भी
चैन की साँस ली है
लेकिन वह रोने का अभिनय कर ले रही है
दहाड़ मार-मार कर रो रही है वह
मुहल्ले भर की औरतें
उसे नहीं चुप करा पा रही हैं

बेटा जब चार साल का था
तभी से ऐसी ही परी जैसी बहू लाने का सपना
माँ सजाये हुए थी आँखों में
बहू के आने पर
उस पर एकदम न्यौछावर हो गयी थी वह

माँ की लाश लेकर
बेटा गंगा किनारे
श्मशान घाट पर पहुँचता है
अपने एक गरीब रिश्तेदार को पटाता है–
यार-तेरह दिन तक क्रियाकर्म में रुकने का
कहाँ समय है मेरे पास
सारा क्रिया कर्म तुम्हीं करो
वे तुमको भी तो बेटे की तरह मानती थीं
मैं तेरहवें दिन आ जाऊँगा
पैसे की बिल्कुल चिन्ता मत करना
जितना भी पैसा कहोगे मैं दे दूँगा।

पैसे के लालच में
गरीब रिश्तेदार तैयार हो जाता है
और साथ ही
रेत पर बिना बनी उस चिता को देखता है
जिस पर भविष्य में
माँ के उस अमीर बेटे को लिटाया जाना है।

08-10-2008

❑❑